종교는 돈을 어떻게 넘어서는가

돈과 종교 III

종교는 돈을 어떻게 넘어서는가

2020년 7월 29일 초판 1쇄 인쇄
2020년 8월 5일 초판 1쇄 발행

엮은이 성공회대학교 신학연구원
지은이 류제동 김명희 권진관 김혜경 이숙진 최현종 신익상
펴낸곳 도서출판 동연
펴낸이 김영호
편 집 김구 박연숙 전영수 김율 디자인 황경실
등 록 제1-1383호(1992. 6. 12)
주 소 (우 03962) 서울시 마포구 월드컵로 163-3
전 화 02-335-2630, 4110
전 송 02-355-2640

잘못된 책은 바꾸어드립니다.
책값은 뒤표지에 있습니다.

ISBN 978-89-6447-596-6 (시리즈)
ISBN 978-89-6447-597-3 94200

이 저서는 2015년 대한민국 교육부와 한국연구재단의 지원을 받아 수행된 연구임
(NRF-2015S1A5A2A03050036).

'돈'과 종교 Ⅲ

종교는 돈을 어떻게 넘어서는가

How Does Religion Transcend Money?

류제동 김명희 권진관 김혜경 이숙진 최현종 신익상 함께 씀
성공회대학교 신학연구원 엮음

동연

책 을 펴 내 며

성공회대학교 신학연구원 연구팀은 2015년도 한국연구재단 일반공동연구지원사업에 선정되어 3년간 연구과제 〈'돈'과 종교: 소비자본주의 시대의 종교지형도 그리기〉(2015.11. - 2018. 10.)를 수행하였다. 1차 년도 연구결과는 『종교는 돈을 어떻게 가르치는가』(동연, 2016)라는 제목으로 출판되었고, 2차 년도 연구결과는 『종교인은 돈을 어떻게 생각하는가』(동연, 2018)라는 제목으로 출판되었다. 이번에 출간되는 『종교는 돈을 어떻게 넘어서는가』(동연, 2020)는 3차 년도 연구결과물로서 1차 년도와 2차 년도의 연구를 토대로 천주교, 개신교, 불교, 원불교에 관한 기존의 연구를 종합하면서 바람직한 대안을 제시하는 논문 7편이 수록되어 있다.

1차 년도 연구가 담론 연구의 방법으로 개별 종교에 침윤된 '돈'의 논리 및 지배력에 대한 탐색이었고, 2차 년도 연구는 현장조사 및 참여관찰의 방법을 통해 '돈'의 지배체제를 강화/균열시키는 종교인에 대한 연구와 종교적 실천에서 '돈'의 지배력이 어떻게 나타나는지를 탐구했다면, 3차 년도 연구는 비교의 방법으로 돈의 체계 속에서 재편된 한국 종교의 지형도를 그리고 '돈'의 논리를 극복하는 종교적 대안을 모색하는 차원에서 연구가 이루어졌다.

류제동은 코로나19의 위기에도 불구하고 더욱 가속화되는 제4차 산업혁명의 물결 속에서 인공지능 및 블록체인 기술을 중심으로 생산성의 비약적인 발전에도 불구하고 자본의 집중으로 인한 빈부양극화의 심화 등 여러 문제가 야기되는 것에 주목하면서, 일본의 세계적인 불자 기업가 이나모리 가즈오의 카르마 경영 사상을 중심으로 불교 사상이 그러한 문제들에 대하여 상당히 설득력 있는 대안이 될 수 있음을 밝힌다. 그는 불교의 핵심 사상인 카르마(業)에 따른 인과율(因果律)이 각 사람의 인격 도야를 촉진하며, 자본주의 사회에서 기업을 일으키고 사회에 기여하는 상품과 서비스를 개발하여 봉사하는 삶을 사는 데 있어서 큰 도움을 줄 수 있음을 밝힌다.

김명희는 독일의 철학자 칼 야스퍼스(Karl Jaspers, 1883-1969)와 원불교 창시자 소태산 대종사 박중빈(少太山 大宗師 朴重彬, 1891-1943, 이하 소태산)이 제2차 산업혁명 시대에 각각 서양과 동양에서 인류의 '기술 문명'의 폐해를 직시하면서 '정신문명'의 필요성을 주창한 사람들로서 주목한다. 그는 4차 산업혁명 시대에 이르러서 더욱 가속도로 확대되는 산업혁명의 위력 앞에서 그 역기능을 차단할 수 있는 대안으로서 야스퍼스의 '차축시대' 사상과 더불어 소태산의 '정신개벽' 사상에서 법신불 일원상 진리(法身佛一圓相眞理)에 근거한 사은사요(四恩四要)의 신앙과 삼학팔조(三學八條)의 수행이 중요한 가치를 지닐 수 있음을 밝힌다. 그는 두 사상의 실천이 모두 인간을 '노예'와 '기계'가 아닌 인간으로서의 삶으로 우리를 이끌어줄 힘이 있다고 주장한다.

권진관은 그리스도교와 불교의 두 경전, 『신약성서』와 『화엄경』에 나타난 돈과 재물에 대한 통찰에 관해 분석하였다. 그는 불교의 경전인 『화엄경』이 돈을 실체적 자성이 없는 마음의 산물이므로, 사람들의 마음 다스림을 통하여 돈이 우리를 지배하는 힘을 가진 실체가 아니라, 이것을 가지고 중생들을 돕고 살리는 수단으로 이해할 수 있는 길이 있음을 보여주었다고 파악하고, 그리스도교의 경전인 『신약성서』는 돈을 맘몬으로 규정하여 돈이 물신적 영향력을 발휘하는 것에 경종을 울리고, 가난한 이들을 돕는 평등하고 자발적인 공동체를 형성하면서, 그리스도교가 부(wealth) 자체를 거부하기보다는 좋은 일에 사용하는 것을 권장하는 방향으로 발전해왔음을 규명하였다. 요컨대, 권진관은 두 경전 모두 같은 방향에 서 있으며, 돈의 우상화에 대한 경종과 더불어, 불교의 『화엄경』이 보다 체계적이고 치밀하며 단계적이기는 하지만, 양자 모두 돈의 본질에 대하여 같은 지혜를 제공해준다는 점을 밝혔다.

　김혜경은 돈에 대한 가톨릭교회의 가르침의 핵심이 어떠한 이유를 불문하고 모든 인간을 위해 봉사해야 한다는 데 있다는 것을 뚜렷이 주장하면서, 이 원칙에 반하는 21세기 현대사회의 각종 현상들이 '돈의 우상화' 문제를 야기하고 있다고 간주한다. 그는 돈이 하느님의 자리를 차지하고 있을 때 배척과 불평등과 무관심주의가 나타나는데, 이것은 교회 안에도 예외가 아니라고 진단한다. 그는 이러한 문제의식에서 가톨릭 단체들, 특히 포콜라레운동은 21세기 새로운 경제모델로 공유경제를 제시하며, 그것이야말로 경제를 포기하지 않으면서도 지구가족을 아우르는 보편적 형제애와 지구시민사회의 비전이라고 전망한다. 이러한 맥락에서 그는 자신을 내어줌으로써 영생을 얻는 방법을 제시한 그리스도를 따라 깊은 인문학적 성찰을 기반으로 할 때, 생명을 살리는 수단으로서 돈의 참된 기능이 작동하게 될 것이라고 기대한다.

이숙진은 자본주의의 논리에 침윤된 한국기독교의 공공성 회복을 목표로 기독교의 역사와 운동에 나타난 경제정의의 길을 탐색하였다. 이를 위해 먼저 신자유주의적 세계화와 소비자본주의의 확산이 한국사회에 야기한 폐해를 살피고, 이와 연동된 한국기독교의 현실을 비판적으로 검토하였다. 그는 현재 한국기독교 공간에서 물질적 탐욕을 종교언어로 번안한 신앙담론이 소비자본주의와 공명하면서 대중적 인기를 구가하고 있고, 교회의 풍부한 인적 물적 자원은 교세확장을 위한 도구로 동원되면서 공공성과는 담을 쌓고 있다고 신랄하게 비판하면서, 서구의 경우에는 기독교가 금권의 탐욕에 침윤될 때도 있었지만 희년 정신으로 대변되는 나눔과 경제정의의 전통을 면면히 이어왔음을 밝힌다. 이러한 맥락에서 그는 한국의 경우 주류교회가 소비자본주의의 논리에 포획되어 왔지만 이와 대립하면서 자본주의 논리에 균열을 가하는 대안교회운동도 등장하고 있음에 유의하면서, 민중교회와 후기산업화 시대 대형교회의 대안으로 등장한 작은교회운동은 주목할 가치가 있다고 평가한다.

최현종은 현대 사회에 있어 '돈'의 지배력에 주목하면서 3개년간의 본 연구 중 2차 년도의 설문지에 대한 더욱 심층적이고 종합적인 분석을 토대로 1) 한국의 종교들이 돈에 대해 어떠한 태도를 보이고 있는지를 비교하고, 2) 현대적 상황에서 종교들이 어떠한 돈 담론을 생산하고 있는지를 살펴보며, 나아가 3) 돈에 침윤된 종교적, 사회적 상황들을 극복하기 위해 종교가 어떠한 방안들을 제시할 수 있는지를 밝혔다. 그는 개신교가 비교적 돈에 대해 가장 민감한 경향을 나타내고, 한국 사회에서 여러 담론을 계속해서 새롭게 생산해내는 면모를 보이고 있다는 점을 규명하면서, '돈이 종교를 통제'하는 위험에 대한 경고가 종교 내에 늘 존재해 왔고, 돈의 지배를 벗어나기 위한 견제적인 대안 모색이 요구되고 있음을 주목한다.

마지막으로 신익상은 지난 2017년 본 연구팀이 종교별로 진행한 설문조사 중 비교적 유사하거나 공통된 7개의 문항을 분석하여 한국의 네 종교인 천주교. 개신교, 불교, 원불교가 '돈'과 관련하여 드러내는 경향을 규명하였다. 그는 기본통계, 상관계수 분석, 분산분석을 통해 신앙 활동에서 '돈'으로 인한 스트레스가 가장 큰 종교가 개신교임을, 신앙과 물질적 풍요와의 관계를 가장 긴밀하게 생각하는 종교는 원불교임을, 물질 공양을 중심으로 한 신앙 활동을 통해 선업을 쌓고자 하는 경향이 불교에 있음을, 천주교 신도들은 중산층의 입장에 선 신도들이 상당한 편이라는 점을 지적한다. 또한, 한국의 네 종교 모두가 봉사를 통한 사회 참여나 교육에 투자하는 비율이 낮다는 점에 주목하여 "종교의 사회적 참여, 미래 세대에 대한 책임 있는 대책 마련이 그 어느 때보다 절실하게 요청"되고 있음을 역설한다.

요컨대 위의 3차 년도 연구들은 1, 2차 년도에 수행된 연구, 곧 개별 종교에 침윤된 '돈'에 대한 연구, 조사, 분석을 토대로 천주교, 개신교, 불교, 원불교 등 개별 종교들이 어떠한 상호관계적인 맥락을 형성하면서 어떠한 변화를 생성할 잠재력이 있는지를 비교 분석하고 있다. 이를 통하여 각 종교의 고유성과 함께 소비자본주의 시대에 한국 종교의 공통적 속성과 미래적인 가치가 드러날 수 있을 것으로 기대한다.

3차 년도 연구수행을 위하여 천주교, 개신교, 불교, 원불교 등 개별 종교들과 종교에 대한 사회과학적인 접근을 전공으로 연구하는 일곱 명의 연구원이 일 년 동안 콜로키움과 토론을 통하여 치열한 연구를 진행한 노고의 결과, 오늘의 책『종교는 돈을 어떻게 넘어서는가?』가 세상의 빛을 보게 되었다.

지난 3년간의 본 연구 기간 및 그 이후 이 책을 마련하기까지 수고한 연구자들과 이 연구가 유종의 미를 거두도록 헌신적으로 도움을 준 임재원 간사에게 감사를 드린다. 또한, 좋은 연구 결과물이 나올 수 있도록 2차 년도의 설문조사 및 분석에 참여해준 성균관대학교 응용통계연구소 연구원들에게도 거듭 고마운 마음을 전한다. 장소 및 다양한 자원을 제공한 성공회대학교 신학연구원과 한국연구재단에 진심으로 감사드린다. 바라건대, 본 연구서가 토대가 되어 소비자본주의 시대에 빈부양극화와 더불어 경제적으로 여러 어려움을 겪고 있는 와중에서도 한국 사회가 올바른 방향으로 나아갈 수 있도록 한국의 종교들이 새로운 지형도를 그려볼 수 있기를 기대한다.

2020년 6월 28일
연구책임자 권진관

차 례

제4차 산업혁명과 불교의 기업가정신
— 이나모리 가즈오의 『카르마경영』을 중심으로

류제동 — 성균관대학교

I. 들어가는 말

오늘날 세계는 격변하고 있다. 클라우스 슈밥의 『제4차 산업혁
명』(슈밥, 2016)은 이러한 격변을 가감 없이 제시하고 있다. 최근 지
속되고 있는 코로나19 위기는 역설적으로 제4차 산업혁명을 더욱
가속화하고 있다. 그러나 이러한 격변이 단순히 예외적인 사건인 것
은 아니다. '산업혁명'이라는 말이 시사하듯이, 제4차 산업혁명은 산
업혁명의 연장선에 있다. 18세기 후반 유럽의 영국에서 시작된 산업
혁명이 제2차와 제3차를 거쳐서 제4차 산업혁명에 이르러 그 진전
속도가 더욱 빨라지고 있을 뿐이라고 할 수 있다. 다시 말해서, 제4차

산업혁명에는 그 이전의 전체 산업혁명의 역사가 담겨 있다고도 할 수 있고, 더 나아가서 그 기반이 되는 인류의 역사가 다 담겨 있다고 할 수도 있다.

그렇다면 산업혁명은 왜 유럽의 영국에서 시작되었는가? 왜 중국이나 중동이나 인도에서는 산업혁명이 일어나지 않았는가? 여러 논의가 있어 왔지만, 최근 주목되는 것은 당시 영국에서 주식회사 제도가 본격적으로 발전하는 데에서 산업혁명이 야기되었다고 보는 견해이다. 18세기 후반 영국에서 주식회사 제도의 본격적인 발전은 금융산업의 역사 중에서 획기적인 사건이었다고 할 수 있다. 주식회사 제도 자체는 기원전 제2천년기의 고대 메소포타미아까지 거슬러 올라갈 수도 있고 그리스나 로마나 중국 등 다른 시대와 지역으로 거슬러 올라갈 수도 있지만, 이 제도가 본격적으로 지배적인 제도로 자리잡기 시작한 것은 18세기 후반 영국에서이다.

예일대학의 금융학자 윌리엄 N. 괴츠만은 특히 중국의 당시 현실과 대조하면서 중국이 그때까지 엄청난 풍요를 이루어 왔음에도 불구하고 자본주의의 토대를 마련하여 산업혁명으로 나아가지 못하고 유럽의 영국이 오히려 성공적으로 나아간 것은 역설적으로 유럽의 봉건제도 하에서 특히 영국에서 비교적 나약한 왕권 덕분이었다고 이야기한다(괴츠만, 2019). 나약한 왕권이 강력한 자본가와 산업가의 등장을 촉진할 수 있었다는 것이다.

다만 이렇게 등장한 자본주의와 산업혁명은 긍정적인 면모만을 지닌 것은 아니었다. 자본가들의 무제한적인 이익 추구와 산업의 폭발적인 발전은 그만큼 그림자도 크게 드리우고 있었다. 대규모의 산업 생산은 노동자들의 처지를 열악하게 했을 뿐만 아니라 노예 노동을 수반하기도 하였기에 수많은 아프리카 사람들이 유럽과 아메리카로 납치되어 노예가 되어 팔려가는 일이 빈번하게 되었던 것이다. 오늘날에도 자본주의와 더불어 발전해온 산업 문명은 지구촌에 환경문제가 심각해지는 결과를 초래해 왔고, 가난한 나라의 어린아이들까지 고된 노역에 종사하게 만들고 있기도 하다.

거슬러 올라가 보면 금융의 역사의 시작이라고 할 수 있는 돈의 발명은 애초부터 긍정적인 면과 더불어 부정적인 면을 갖고 있었다. 돈의 발명은 세계의 여러 지역에서 다수의 원시문화에서도 발견되지만, 기원전 제2천년기에 고대 메소포타미아에서 도시 문명의 출현과 더불어 돈이 본격적으로 사용되기 시작했다는 것은 인류 문명의 역사에서 주목할 만한 사건이었다.

도시 문명의 발달에서 돈의 발명은 원거리 교역과 더불어 더욱 장기적인 계획에 따라 인류의 삶이 이루어지기 시작했다는 것을 의미한다. 도시가 발달하려면 비교적 원거리에 있는 농경 지역과의 교역이 필수적이고, 그 교역은 물물거래로는 물리적으로 뒷받침되기 어렵기에 돈의 발명과 활발한 사용이 수반될 수밖에 없는 측면이 있는 것이다. 또한 도시에 모여서 함께 살게 된 낯선 사람들끼리 서로에 대한 신뢰를 바탕으로 안정적인 거래를 하기 위해서는 그 가치가 안정적인 화폐가 긴요할 수밖에 없었다고 하겠다.

인류사에서 돈이 최초로 활발하게 사용되기 시작한 고대 메소포타미아에서는 돈의 주요한 특징으로서 단순한 거래를 넘어서 돈의 대출 및 이자라는 개념과 더불어 미래에 대한 투자라는 개념이 본격적으로 등장하였다(괴츠만, 2019, 66-90). 과거와 현재와 미래라는 시간 개념도 돈의 등장 및 발전에 따라서 더욱 확장되어 갔다. '이자'라는 개념은 빌려준 소가 송아지를 낳아서 불어나게 된 더 많은 수의 소를 돌려받는 데에서 유래했다고 알려지고 있기도 하다.

돈의 대출은 대여자에게 이처럼 이자를 받는 기회를 제공할 뿐만 아니라, 대여자에게는 당장 자기 자신의 자본이 없이도 사업을 일으킬 수 있는 기회가 되었다. 대출을 받지 못하면 할 수 없었던 일을 대출받은 돈으로 해나갈 수 있게 된 것이다. 물론 여기에는 위험이 따른다. 대출자는 대여자에 대하여 갚아야 할 의무가 생기고 나아가 그 의무가 확대될 때 빚을 청산하지 못하고 묶여 살게 되는 맥락에서 노예라는 개념이 정착하게 된다. 새로 시작한 사업이 뜻대로 성공하지 못하고 아예 망할 수도 있다. 가령 빌린 돈으로 배를 사서 운송업을 하게 되었는데, 배가 바다에서 풍랑을 만나서 가라앉거나 해적을 만나서 운송하던 짐을 다 빼앗길 수도 있다.

여기에서 위험을 분산하기 위하여 또 다른 금융 제도들이 발전하기 시작한다. 가령, 한 사람이 자신의 거의 모든 재산을 한 사람에게 빌려주기보다는 여러 사람이 비교적 소액을 갹출해서 모아서 여러 사람의 사업가에게 분산 투자하면 위험 부담이 줄어드는 것이다. 그리고 일정액의 고정된 이자를 받고 돈을 빌려주는 대신에 돈을 직접 투자하는 방식으로 모아서 투자 수익을 사업가와 나누어 갖는 방식으로 발전하면 주식회사가 된다고 하겠다. 그리고 빌려준 돈이나 투자한 돈에서 불어난 돈을 일정한 기간이 지난 다음에 정기적으로 받게 된다면 그것이 연금제도의 발달이라고 할 수 있을 것이다. 이러한 제도의 발달은 사업 등의 이유로 당장 돈이 필요한 사람에게는 좋은 기회가 될 수 있다. 또한, 돈을 빌려주거나 투자하는 사람의 입장에서도 생산적인 노동이 불가능하게 되는 노년기나 기타 취약한 시기에 안정적인 생활을 할 수 있게 되어 장기적인 이득이 된다.

물론 이러한 제도가 원활하게 잘 작동하려면, 돈을 빌려주거나 투자하는 사람과 빌려 받거나 투자받는 사람 사이에 탄탄한 신뢰 관계가 형성되어야 한다. 그리고 아무리 신뢰 관계가 형성되더라도 여러 가지 변수로 인하여 후자가 전자의 돈에 대하여 상환을 하거나 수익금을 줄 수 없는 상황이 되면 전자는 손실을 감당할 수밖에 없게 되는 상황도 전개될 수 있다. 여기에서 국가 등의 권력 기관이나 제도의 뒷받침이 긴요하다. 그리고 직접 대출자와 대여자가 거래하기보다는 제삼의 신뢰성 있는 기관이 중간에서 작동하는 것이 서로에게 편리할 수도 있다.[1] 그리고 이러한 대여자와 대출자의 관계를 매개하는 중개자로서 은행이나 증권회사와 같은 투자 기관도 발달하게 된다.

요컨대, 4차 산업혁명이 초래하는 급격한 변화도 우리가 적절한 윤리를 통하여 제어하지 못한다면 환경문제와 더불어 전세계적인 빈부격차의 심화 등 여러 파생 문제를 낳게 된다고 할 수밖에 없을 것이다. 이러한 상황에서 일본의 대기업 교세라의 회장이자 독실한 불자인 이나모리 가즈오(稻盛和夫, 1932-)는 윤리경영의 귀감을 보여주며, 그의 자전적인 책『카르마경영』(이나모리, 2019)[2]은 불자로

---

[1] 최근 급속히 발전하고 있는 블록체인 기술은 '분산원장'이라는 방식을 통하여 특정한 제삼기관이 없이도 자체적으로 신뢰성 있는 계약의 성사를 가능하게 한다는 점에서 주목받고 있다.

서 그의 경영 철학을 일목요연하게 제시하고 있다.

II. 이나모리 가즈오의 카르마경영에서 '사고방식'

그는 '카르마'에 관하여 다음과 같이 이야기한다.
불교에는 "사념(思念)이 업(業)을 만든다"라는 가르침이 있다. 업
이란 카르마(karma)라고도 하며 현상을 만들어내는 원동력이다.
즉 생각한 것이 원인이 되며, 그 결과가 현실이 되어 나타난다. 그러
므로 어떤 생각을 하는가가 중요하며, 그 생각에 나쁜 것이 섞여서
는 안 된다고 가르친다(이나모리, 2019, 27).

그는 카르마를 강조하는 데 있어서 우선 그 원인이 되는 생각의
차원에 초점을 맞추면서 바른 생각의 중요성을 강조한다. 이러한 그
의 입장은 "인생(일)의 결과=사고방식×열의×능력"(이나모리, 2019,
24)이라는 독특한 인생 방정식에서도 드러난다. 열의나 능력은 아무
리 모자라더라도 마이너스일 수 없지만, 열의와 능력의 방향을 정하
는 생각은 마이너스가 될 수 있기에, 인생의 결과 전체를 부정적인
방향으로 이끌 수 있는 것이 생각이고, 그만큼 생각의 중요성은 심각
하다. 그리고 그는 '사고방식'과 '열의'와 '능력'이 '×'의 관계에 있기
에 비록 타고난 능력이 다소 부족하더라도 사고방식과 열의가 크다

---

2 불교의 카르마와 돈은 기본적인 차원에서 의외로 닮은 부분이 있으며, 인류의 역사에
  서 돈의 발명과 관련 개념의 발달이 서양 철학은 물론이고 불교나 힌두교와 같은 인도
  종교의 탄생과 발전에도 중요한 영향을 미쳤을 가능성이 있다(Seaford, 2020).

면 타고난 능력을 넘어서는 성과를 거둘 수 있는 것이 인생이라고 이야기한다. 또한 사업을 하여 돈을 버는 데 있어서 부정적인 사고방식을 따라 정직하지 못한 나쁜 수단을 통하여 목적을 성취하고자 하면 그 인생 자체가 마이너스로 귀결될 수 있다는 것이 그의 인생 방정식이다. 그가 이렇게 카르마의 힘을 믿는 데에는 우주 자체에 대한 믿음이 전제되어 있다. 그는 다음과 같이 말한다.

> 우주에는 모든 것을 바르게 하고, 진화·발전시키는 보이지 않는 힘이 존재한다. 그것은 다름 아닌 우주의 의지라고 할 수 있다. 이 우주의 의지라는 흐름을 잘 타기만 하면 인생에서 성공과 번영을 누릴 수 있다. 이 흐름에서 벗어난 사람의 인생은 몰락하거나 쇠퇴하게 되어 있다(이나모리, 2019, 28).

우주의 의지를 믿는 것까지는 탓할 일은 아니라고 할 수 있지만, 선한 우주의 의지를 따르는 사람은 성공적인 인생을 살고, 거스르는 사람은 몰락하는 인생을 살게 된다고 과연 장담할 수 있을까? 물론 여기에서는 무엇이 진정으로 성공한 인생이냐의 기준이 어떠냐가 중요하다고 할 수 있다. 본 논문의 주제이기도 한 '돈'과 관련하여 객관적인 성공이 우주의 의지를 따르면 이루어질 수 있을까? 그런 기대를 하는 것 자체가 속물스럽다고 할 수도 있겠지만, 엄연히 현실적인 기대라고 할 수도 있을 것이다. 이나모리 가즈오는 그 스스로가 성공한 사업가이기에 이러한 발언을 자신 있게 할 수 있는 것이라고 봐주어야 할까? 그의 다음과 같은 서술은 그의 낙관론을 더욱 강하게 드러낸다.

> 우주가 가진 의지는 사랑과 진실, 조화로 가득 차 있으며, 모든 만물에 공평하게 적용된다. 또한, 우주 전체를 좋은 방향으로 이끌고 성장·발전시키고자 한다. 이는 우주물리학이라 불리는 '빅뱅(big bang) 이론'의 관점에서 생각해 보아도 충분히 납득 가능하다(이나모리, 2019, 29).

우주의 의지를 빅뱅 이론에까지 연결시켜서 이야기하는 것은 공과 대학을 나와서 세라믹 소재 개발을 발판으로 하여 발군의 기업가로 성공한 그다운 발상이라고 할 수 있을 것이며, 상당히 미덥다고 느껴지기도 한다. 그리고 기본적인 논리로 생각해 보더라도, 우주 자체에 대한 낙관론을 가지고 기업 설립에 나서서 적극적으로 사업을 추진하는 사람과 비관론에 치우쳐서 적극적인 사업 개척에 나서지 못하는 사람의 차이는 있을 수밖에 없다고 할 수 있겠다. 시도라도 하면 실패든 성공이든 하겠지만, 시도조차 못 하는 비관론자는 한 발자국도 앞으로 나갈 수 없는 것은 불문가지인 것이다. 그리고 우주에 선한 의지가 있다는 믿음이 굳건할수록 그 사람의 노력도 더욱 열성적일 것이고, 그 열성은 그 사람의 성공과 어느 정도의 비례 관계는 가질 수밖에 없다고 할 수 있겠다. 이나모리 가즈오는 이와 관련하여 자신의 삶을 다음과 같이 술회한다.

> 나는 오랫동안 무언가를 생산하는 일에 종사해 오면서 그러한 '위

대한 것'의 존재를 실감한 적이 적지 않았다. 그 커다란 예지(叡智)에 이끌려 자연스럽게 다양한 신제품 개발에 성공하는 인생을 살아왔다고 해도 과언이 아니다.

교세라가 취급하는 세라믹은 파인 세라믹이라고 불리며, 컴퓨터나 휴대전화 등 여러 가지 하이테크 상품에 범용되는 고기술 소재들이다. 이 파인 세라믹에 관한 기술은 교세라가 세계에서 거의 최초로 개발에 착수하여 날로 새로운 지평을 열어가고 있다고 자부한다(이나모리, 2019, 29-30).

그는 "교토의 보잘것없는 초자 회사에서, 그것도 이름 없는 연구원이 거의 맨손으로 이루어낸 결과"가 세계적인 GE에 필적하는 성과를 거둔 것이 '행운'이라고 말하면서도 그 행운이 우주의 의지에 따른 결과였음을 강하게 시사한다(이나모리, 2019, 31). 그는 또한 오늘날 4차 산업혁명의 발전과 관련하여 다음과 같이 주목되는 발언을 한다.

나는 현재 과학기술의 진보로 말미암아 인류는 '신(神)의 영역'에까지 침범하여 이를 좌지우지하기 시작했다고 생각한다. 이전까지는 신만이 할 수 있었던 일을 인류가 넘볼 수 있게 되면서, 인류는 고도의 기술과 지혜를 마치 자신의 소유물처럼 여기고, 그것을 방종하게 사용하기 시작했다. 그 대표적인 예로 환경파괴를 들 수 있다. 예를 들어 프로판 가스로 인한 오존층 파괴, 농약이나 비료로 인한 토양 및 하천의 오염, 이산화탄소 증가로 인한 지구 온난화, 다이옥

신과 같은 환경 호르몬으로 인한 생체 영향 등이 우리들이 생존하는 지구환경을 위협하고 있으며, 더 나아가 인류의 생존 자체마저도 위협하고 있다(이나모리, 2019, 35-36).

여기서 그는 윤리적이지 못한 산업 발전의 폐해가 얼마나 클 수 있는지를 강력하게 이야기하고 있다고 하겠다.

위와 같이 윤리적인 사고방식의 중요성을 강조하는 그는 또한 평범한 일상에서 어떠한 마음가짐으로 일에 임해야 하는지에 관하여 다음과 같이 이야기한다.

단, 지속적인 힘이 "같은 것을 반복한다"는 뜻은 결코 아니다. 지속과 반복은 엄연히 다르다. 어제와 같은 것을 막연하게 반복하는 것이 아니라, 오늘보다는 내일, 내일보다는 모레가 조금씩이라도 더 나아지고 개선되어야 한다. 그러한 '창의력 향상을 위한 노력'이 성공을 향한 속도를 높여준다(이나모리, 2019, 72).

이나모리 가즈오의 이러한 주장은 오늘날 4차 산업혁명의 발전과 함께 대량 실업에 대한 공포가 커지는 것과 관련하여 주목할 가치가 크다. 4차 산업혁명이 도래하기 이전에는 단순 작업을 아무 생각 없이 해도 되는 일들이 적지 않았다고 할 수 있는데, 이제 인공지능의 발달과 더불어 웬만한 작업은 기계에 의하여 대체되어가고 있는 것이다. 그뿐만 아니라 4차 산업혁명을 적극적으로 거론하는 사람들은 인간의 창의성까지도 기계에 의하여 추월당할 날이 머지 않았다고까지 이야기한다. 그렇다고 하더라도 우리는 단순 반복 작업보다는 새로운 창안을 해내는 일이 기계에 의하여 대체되기가 더 어렵다는 점은 인정해야 할 것이다.[3] 이나모리 가즈오는 자신의 이러한 주장을 다음과 같이 평이한 예를 들어 구체적으로 설명한다.

> 단순한 예를 들면, 청소를 할 때에도, "지금까지는 빗자루를 사용했던 것을 자루걸레로 바꾸어 보면 어떨까?" 아니면 "돈이 좀 들더라도 상사에게 청소기를 사 달라고 요구하면 어떨까?" 등등 좀 더 빨리, 좀 더 깨끗하게 할 수 있는 방법을 여러 각도에서 생각해 볼 수 있다. 또한 청소의 순서나 방법도 이전까지와는 다르게 연구해 봄으로써 보다 효과적으로 일을 할 수 있다.
> 장기적인 시각에서 보면 아무리 작은 것도 연구하여 개선한다는 생각을 가지고 임하는 사람과 그렇지 않은 사람은 놀라울 정도로 차이가 생기기 마련이다. 청소를 예로 들면 매일 창의적인 연구를 거듭한 사람은 독립하여 빌딩 청소를 하는 회사를 차려 원래 근무하던 회사의 일을 맡게 될 수도 있다. 이에 반해 막연하게 자신에게 부여된 임무만 수행하면서 연구를 게을리하는 사람은 늘 똑같은 청소만 매일 반복할 뿐이다(이나모리, 2019, 72-73).

---

3 이와 관련하여 미국의 주목받는 기업가 일론 머스크는 뉴럴링크(Neuralink)라는 회사를 설립하여 인간의 신체가 갖는 기존의 한계를 극복하여 인간 자체를 업그레이드하려는 노력을 기울이고 있다. 인공지능 기계에 의하여 추월되기보다는 인공지능 기계와 결합된 새로운 인간의 등장으로 인공지능 기계의 도전을 극복하겠다는 발상이라고 하겠다.

물론 그의 이러한 사례 제시에 대하여 반론도 있을 수 있다. 청소를 하는 어떤 사람이 이러한 발상을 하여 실천을 하려고 해도 동료들이 반발할 수도 있고, 또 그가 성공한다고 하면 그 성공으로 인하여 동료 중 일부는 실직자가 될 수도 있다. 그렇게 실직자가 늘어나는 현상을 긍정적으로 보아야 할까? 여기에는 다양한 견해가 있을 수 있을 것이다. 다만, 단순 반복하는 일자리가 줄어들고 더 창의적인 일자리가 늘어나서 더욱더 많은 사람들이 더 좋은 직장에서 더 좋은 대우와 급여를 받으면서 일하게 된다면 바람직한 발전이라고 할 수 있을 것이다. 그렇다고 하더라도 새로운 환경에 적응하기 어려운 사람들도 적지 않다는 점에서 기술발전의 속도에서 완급을 조절해야 할 필요도 제기될 수는 있을 것이다.[4]

III. 이나모리 가즈오의 카르마경영에서 이타심

이나모리 가즈오는 위와 같이 우주 전체를 좋은 방향으로 이끌어가려는 우주적인 의지에 대한 믿음과 더불어 인간의 치명적인 탐욕에 대한 경계도 놓치지 않는다. 이러한 맥락에서 그는 안수정등(岸樹井藤) 설화에 주목한다. 안수정등 설화는 불교 이전의 고대 인도에서 연원하는 설화로서 불교의 창시자 고타마 싯다르타의 전기에도

---

4 이와 관련하여 주목되는 우리나라 뉴스로, 최근 고속도로 톨게이트 직원의 대량 해고 문제가 있다. 직원이 직접 통행료를 받는 시스템에서 '하이패스'를 통하여 자동으로 통행료 지불이 처리되면서 기존의 직원들이 대량 해고를 감당해야 하는 문제가 생기는 것이다.

등장하고, 그 전기의 번안이 아랍세계를 거쳐서 중세 서양에 전해져서 오늘날 전 세계에서 널리 회자되고 있는 설화이다. 이나모리가 소개하는 이야기를 요약하면, 나그네가 호랑이에 쫓겨서 소나무로 뛰어올랐다가 나무 넝쿨을 타고 아래로 내려가는데, 위에서는 호랑이가 노려보고, 아래에는 빨강, 검정, 파랑 색깔의 세 마리 용이 받아먹으려고 기다리고 있으며, 그 나무 넝쿨 자체의 위쪽에는 하얀 쥐와 검은 쥐가 갉아대고 있고, 그런 와중에서도 나그네의 뺨에 꿀물이 떨어지자 나그네는 꿀맛에 취하여 자신이 절체절명의 위기 속에 있다는 것을 까맣게 잊어버린다는 내용이다. 이나모리는 이 이야기가 상징하는 바에 대하여 다음과 같이 이야기한다.

> 이 이야기에서 호랑이는 죽음과 질병을 상징한다. 또 소나무는 이 세상에서의 지위나 재산, 명예를 상징하며, 하얀 쥐와 까만 쥐는 낮과 밤, 즉 시간의 경과를 상징한다. 인간은 끊이지 않는 죽음의 공포에 시달리면서도 생에 매달린다. 그러나 이는 넝쿨 하나 정도밖에 되지 않는 약한 것이다.
> 그 넝쿨도 시간의 흐름에 따라 닳아 없어진다. 또한 우리는 나이를 먹으면 죽음을 피할 수 없는데, 자신의 수명과 생명을 스스로 줄이면서까지 '꿀'을 탐한다. 한심스럽게도 그렇게 욕망을 떨치지 못하는 존재인 것이다. 석가는 이것이 바로 인간이며, 그 실상이라고 가르치고 있다(이나모리, 2019, 160-161).

여기까지 이나모리의 설명은 누구나 구글 검색을 통해서 바로 찾아볼 수 있는 설명이라고 하겠다. 다수의 설명들이 이 정도의 설명에서 그치고 만다. 이 이야기를 접하는 사람들마다 소감이 다르겠으나, 상당수의 사람들이 이렇게 절망적인 상황에서 헤쳐나갈 길은 없고 그냥 꿀이라도 탐하는 것이 그나마 나은 행동 아니냐고 반문하곤 한다. 그러나 이나모리는 이러한 설명 뒤에 세 마리 용이 상징하는 의미를 욕망과 노여움와 어리석음(貪瞋癡)의 삼독(三毒)으로 풀면서 우선 가능한 한 욕망을 떠나는 것이 중요하다고 강조하면서 자신의 해결책을 다음과 같이 제시한다.

> 욕망, 즉 사심을 억제하는 것은 이타심이다. 자신보다 다른 사람의 이익을 우선시하는 마음은 인간이 가진 모든 덕 가운데 특별히 더 가치 있는 최선의 것이라고 생각한다. 자신의 이익보다 상대의 이익을 더 위하고, 자신의 것은 뒤로 미루고 세상을 위해, 다른 사람을 위해 노력하는 이타심을 가질 때, 인간은 욕망의 유혹에서 벗어날 수 있다. 또한 이타심은 최초의 번뇌를 없애주고, 욕망의 독을 제거하는 '아름다운 마음'을 가질 수 있게 하며, 밝고 깨끗한 소망을 품을 수 있게 한다(이나모리, 2019, 164).[5]

욕망을 억제하기가 어려운 것은 요즘 유행하는 말로 설명하자

---

[5] 이나모리 가즈오의 연구자 중 한 명인 神田嘉延은 이나모리 가즈오의 경영철학에 관한 아래의 논문에서 탐욕에 대해서는 이타행에 의하여 자기의 욕망을 떠나고, 타인에게 성실하게 되는 마음을 단련해가는 것, 노여움에 대해서는 감사와 자애의 정신을 체득하는 것, 어리석음과 무지에 대해서는 항상 내면적인 성찰을 통하여 인간이 본래적으로 구비하고 있는 지혜를 터득하는 것의 중요성을 언급한다(神田嘉延, 2011, 26).

면, 코끼리를 생각하지 말라고 이야기할 때 그 말을 따라서 코끼리를 생각하지 않으려고 해도 계속해서 코끼리를 생각하게 되는 경우와 같다고 이야기할 수 있겠다(레이코프, 2018). 이나모리는, 코끼리를 생각하지 않으려면 코끼리라는 프레임 자체에서 벗어나서 새로운 프레임에 초점을 두어야 하듯이, 순수한 이타심에 초점을 맞추면 이기적인 욕망의 유혹에서 벗어나기 쉬워진다고 이야기하고 있는 것이다. 다만 산업혁명의 토대가 된 자본주의의 발전에서 핵심이 되는 주식회사의 발달은 어떤 면에서는 보상을 추구하는 인간의 욕망을 가장 잘 충족시켜주는 시스템이 주식회사 제도이기에 가능했다는 입장에서는(괴츠만, 2019, 401-420) 욕망의 제어가 적절한 선에서 제어되는 것이 중요하다고 할 수도 있겠다. 이나모리는 이러한 맥락에서 다음과 같이 중국의 고전에 속하는 노자의 『도덕경』을 인용하여 말하고 있기도 하다.

> "천망회회 소이불루"(天網恢恢 疎而不漏: 하늘의 그물은 넓고 성글지만 결코 빠뜨리는 일이 없다). 인간이 하는 일과 생각하는 일의 시비곡직(是非曲直)을 신은 참으로 잘 보고 있다. 그러므로 성공을 하거나 성공을 지속시키기 위해서는 바라는 것이나 열의가 반드시 밝고 깨끗해야 한다. 우선 사심을 없애고 밝고 깨끗한 마음으로 생각하라(이나모리, 2019, 167).

사심을 없애는 것이 우주의 의지 차원에서 지켜져야 한다는 것에 대한 믿음을 잘 드러낸 서술이라고 하겠다. 그는 이러한 맥락에서 자본주의 정신 차원에서 서양 그리스도교와 일본 불교를 비교하면서 이야기를 풀어나간다. 우선 그의 자본주의와 그리스도교의 관계에 관한 서술을 보자.

> 역사적으로 자본주의는 크리스트교(그리스도교) 사회, 그중에서도 윤리적인 가르침이 엄한 프로테스탄트 사회에서 발생했다. 초기 자본주의는 경건한 프로테스탄트들로부터 시작되었다. 막스 베버(Max Weber)에 따르면 그들은 크리스트교가 가르치는 이웃사랑을 실천하기 위해 엄한 "윤리 규범을 지키고, 노동을 소중히 여기면서 산업 활동에서 얻은 이익은 사회의 발전을 위해 쓴다"는 것을 기본 사상으로 삼았다고 한다.
> 사업 활동의 측면에서 생각하면 누가 보아도 올바른 방법으로 이익을 추구해야 하며, 그 최종 목적은 어디까지나 사회에 도움이 되는 것이어야 한다. 즉 '세상을 위해, 다른 사람을 위해'라는 이타의 정신과 사리보다 공익을 꾀하는 마음이 초기 자본주의의 윤리 규범이었다. 안으로 자기 자신을 지키는 엄격한 윤리를 '이타'라는 대의로 삼아 의무화한 것이다(이나모리, 2019, 191-192).

인류의 물질적 진보는 이와 같은 기업가정신에 힘입은 바 크다는 것은 부인할 수 없는 사실이라고 하겠다. 이는 막스 베버의 『프로테스탄트 윤리와 자본주의 정신*Protestant Ethic and the Spirit of Capitalism*』에서 일찍이 밝히고 있는 바이기도 하다. 그러나 이러한 선의만으로는 자본주의 제국들에 의하여 전개된 광대한 식민지 경영과 노예 매매나 노동자 착취를 이해하거나 납득하기는 어렵다. 여하튼 이나모리는 낙관론자로서 서양의 자본주의 정신에 대하여 위와 같이 이야기한 뒤에 일본에서도 에도(江戶) 시대 중기 가장 최하위 계급이 맡아서 천시되던 상행위에 대하여 적극적으로 가치를 평가한 이시다 바이간(石田梅岩, 1685- 1744)의 주장에 대하여 다음과 같이 언급한다.

> 그때 바이간은 "상인이 판매해서 얻는 이익은 무사의 녹(祿)과 같다"(하리다, 2009)라며 상인이 이익을 얻는 것은 지극히 정당한 행위이며, 결코 부끄러운 일이 아니라는 점을 주장하여 멸시받던 상인들을 격려했다.
> "이익을 얻기 위해서는 도(道)가 필요하다"라는 말이 있다. 이윤 추구는 결코 죄악이 아니다. 단, 그 방법은 사람의 도에 어긋나서는 안 된다. "어쨌든 이익만 나면 된다"고 생각할 것이 아니라 이익을 얻고자 할 때에도 인간으로서 올바른 도리를 지켜야 한다는 상행위 윤리의 중요성을 역설하는 말이다(이나모리, 2019, 192).

곧, 이나모리는 이시다 바이간의 말을 빌어 기업가의 이윤추구가 정당성을 지니는 행위라는 점을 강조하면서, 더불어서 윤리적 이윤추구이어야 한다는 점을 역설하고 있다고 하겠다. 그는 다시 "상인은 남도 잘 되고, 자신도 잘 되게 해야 한다"라는 이시다 바이간의 말을 인용하면서 불교의 자리이타(自利利他) 정신을 늘 유념하라고 당부한다. 그는 더 나아가서 이타심을 기르는 것이 사물을 보는 시야도 넓어지게 한다는 점을 강조하면서 다음과 같이 이야기한다.

> 예를 들어 "우리 회사만 이익이 되면 좋다"라고 생각하지 말고 "거
> 래처에도 이익이 되게 하고 싶다." 나아가 "소비자나 주주, 지역의
> 이익에도 공헌하고 싶다"라는 생각을 가지고 경영하라. 또한, 개인
> 보다 가족, 가족보다 지역, 지역보다 사회, 더 크게는 국가와 세계,
> 지구와 우주를 향해 이타의 마음을 가능한 한 넓고 높게 가지라.
> 그러면 저절로 주위의 여러 가지 사물과 상황들을 두루 살필 수 있
> 는 넓은 시야를 갖게 된다. 그런 사람은 늘 객관적이고 올바른 판단을
> 할 수 있고, 그런 사람에게는 실패도 없다(이나모리, 2019, 195-
> 196).

곧, 이타심이 넓은 시야를 갖춘 지혜의 바탕이 되기도 하는 것이
다. 이는 불교 역사에서 대승불교가 자비를 강조하는 맥락을 정확히
짚고 있는 서술이라고 할 수 있다. 지혜와 자비를 양 날개로 강조하
는 것이 불교라고 일반적으로 이야기하기도 하지만, 양자가 별개가
아니라 자비로운 마음이 그 자체로 지혜를 낳는다는 것이 대승불교
의 정수가 되는 핵심 사상이다. 달리 말하자면, 자비가 없는 지혜는
지혜가 아니라 파멸로 이르는 영악함일 뿐이라고 할 수도 있겠다. 이
나모리는 사심 없는 이타심의 사례로 자신이 통신회사 DDI를 경영
하면서 종업원들에게는 그 노고에 보답하고 감사의 뜻을 전하고 싶
어서 액면주식을 구입할 기회를 주었으면서도 스스로는 한 주도 가
지지 않은 일화도 소개한다(이나모리, 2019, 201). 그는 자신이 한 주

라도 가졌더라면 사심을 품고 경영한다는 비난에 속수무책이었을 것이라고 술회한다.

IV. 이나모리 가즈오의 카르마경영에서 일 자체의 중요성

이나모리 가즈오는 위와 같이 마음가짐에 대하여 그 중요성을 논한 뒤 일하는 것 자체의 중요성을 선종(禪宗) 불교의 가르침에 기초하여 다음과 같이 이야기한다.

선종(禪宗)에서 절의 탁발승은 식사 준비에서부터 마당 청소까지 일상의 모든 작업을 하는데, 그것은 좌선을 하는 것과 동등한 수준으로 여겨진다. 즉 일상생활의 노동에 전념하는 것과 좌선으로 정신통일을 꾀하는 것 사이에 본질적인 차이가 없다는 것이다. 일상의 노동이 곧 수행이며, 열심히 일에 전념하는 것 자체가 깨달음으로 이어지는 '도'라고 가르친다.

깨달음이란 마음을 높이는 것이다. 마음이 수양된 가장 마지막 단계, 최고의 수준이 깨달음의 경지이다(이나모리, 2019, 169).

여기에서 이나모리는 선종의 정신을 간결직절하게 표현하고 있다. 일상의 노동을 성실히 수행하는 것 자체가 마음을 높이는 것이고 그것 자체가 깨달음의 도라는 것이다. 이러한 맥락에서 그는 깨달음의 도로서 '육바라밀'(六波羅蜜)을 설명한다(이나모리, 2019, 171-173).

그에 의하면, 보시(布施)는 이타심을 말하며, 다른 사람에 대하여 따뜻한 마음으로 충분히 배려심을 가지는 정도로도 마음을 높일 수 있다. 지계(持戒)는 삼독을 억제하고 자신의 언동을 바로잡는 것이다. 정진(精進)은 최선을 다한 노력으로서 그 자체로 마음을 높이고 인격을 연마하게 된다. 인욕(忍辱)은 누구나 겪게 되는 파란만장한 고난에 억눌리지 않고 피하지도 않고 참고 견디며 노력하는 것이다. 선정(禪定)은 현대의 지나치게 달려나가는 속도의 와중에서도 마음을 가다듬는 것만으로도 중요한 의미를 지닌다. 지혜(智慧)는 앞의 다섯 가지에 대한 노력의 결과로 도달하는 경지라고 이야기된다.

이나모리가 지혜를 별도로 설명하지 않고 앞의 다섯 가지의 산물로 이야기하는 점은 독특하다고 하겠다. 이러한 그의 독특성은 그가 지식을 위한 지식보다는 실천 속에서 얻어지는 지혜를 강조하는 기풍과 맞닿아 있다고 여겨진다. 그는 이러한 자세에서 육바라밀 중에 우리가 가장 기본적이고 중요한 요건으로 강조해야 할 것이 정진이라고 이야기한다(이나모리, 2019, 174). 평소에 자기가 맡은 일을 성실히 수행하는 것 자체가 인격 연마이자 깨달음의 경지에 가까워지는 길인 것이다. 그는 이러한 태도에서 노동 자체를 중시하고, 노동을 돈벌이 수단으로만 여기는 오늘날의 세태를 한탄한다(이나모리, 2019, 177-180).

V. 나가는 말

금융 거래에 따르는 위험을 예방 내지 분산하기 위한 제도들이 계속해서 발전해 왔음에도 불구하고, 여전히 금융 거래는 위험을 수반할 수밖에 없는 것이 현실이다. 미국의 서브 프라임 모기지에서 연원한 2008년의 금융 위기도 한 예가 될 수 있고, 최근 코로나19 확산으로 인한 증시의 폭락도 한 예가 될 수 있다.6 이러한 위험 중에서 자연 재해로 인한 위험은 불가피하다고 할 수도 있지만, 과학기술의 발전에 따라 자연 현상도 상당한 정도로 예측하고 대비하는 것이 가능해지고 있기도 하다. 이러한 상황에서 그리고 여전히 지구촌의 다수 인구가 빈곤에 허덕이고 있다는 점에서 과학 기술의 발전과 산업화를 통한 경제 발전은 필수적이라고 할 수 있다.

다른 한편으로는 과학기술의 발전에도 불구하고 인간의 사고방식 자체에서 문제가 있는 것은 과학기술 자체만으로는 해결이 어렵다. 이러한 점에서 인간의 심성을 연마하고 인격을 도야하는 데 중추가 되는 그리스도교나 이슬람이나 유대교나 불교나 유교와 같은 종교 전통들이 여전히 중요한 역할과 과제를 감당해야 한다.

---

6 세계적인 헤지펀드 투자회사 브리지워터의 회장 레이 달리오(Ray Dalio)는 금융 시스템이 원리 차원에서 주기적으로 거품이 생길 수밖에 없다고 보기도 한다. 미래에 대한 기대가 커지면서 탐욕이 극대화되고 주식 등의 자산에 대하여 더 높은 가격으로라도 구매하려고 하는 욕구가 커지는 것은 불가피한 점이 있다는 것이다. 다만 위기가 커질 때, 적절한 금융 정책을 통하여 더 큰 위기로 번지는 것을 예방하고 그 충격을 완화할 수 있다는 것이 그의 제안이다. 이렇게 위기가 커지는 상황에서 적절한 판단과 결정을 내리는 것이 매우 중요하다. 레이 달리오는 보다 현명한 판단과 결정을 내리는 데 관건이 되는 원칙을 자신의 저서에서 제시하고 있기도 하다(달리오, 2020).

요컨대 온갖 변수들 속에서 우리 인류가 생존해 나가고 번영해 나가려면 각자가 금융 문맹에서 탈출할 필요가 있음과 아울러 금융을 올바른 도구로 사용하기 위한 윤리적 수양도 필수적이라고 하겠다. 이나모리 가즈오는 독실한 불자로서 죽음과 관련하여 마음 수양의 중요성을 다음과 같이 이야기한다.

> 살아있는 한 입을 것과 먹을 것이 모자라서는 안 되고, 자유롭게 살기 위해서는 돈도 필요할 것이다. 입신양명을 바라는 마음 역시 살아가는 힘이 될 테니 무조건 나쁘다고만 할 수도 없는 노릇이다. 그러나 그러한 것들은 현세에 한정된 것이며, 아무리 많이 가졌다고 해도 어느 것 하나 저세상으로 가져갈 수는 없다. 이 세상의 일은 이 세상에서 끝내야만 한다. 그중에서 단 하나 예외가 있다면 그것은 바로 '영혼'이 아닐까? 죽음을 맞이하는 순간에 지위나 명예는 물론, 현세에서 얻은 재산은 모두 버리고, 영혼만을 가지고 새로운 여행을 떠나야 한다(이나모리, 2019, 13-14).

불교를 지식으로 접한 적이 있는 사람들 중 일부는 영혼의 존재를 믿는 것이 불교적이냐 여부를 따질 사람들도 있을 것이다. 여기서 복잡한 논의를 전개하는 것은 지면 관계상 어렵지만 한 마디만 보탠다면 붓다는 단멸론(斷滅論)을 거부했다는 것을 유념해야 한다는 점이다. 죽음으로 모든 것이 끝난다는 것은 붓다의 입장이 아니다. 그리고 내세에 대한 믿음이 부담스러운 사람이라도 최소한 '영혼이 있는 삶'이라는 표현이 굳이 내세의 영혼의 존속을 가리키는 것이 아니라 기개가 또는 양심이 있는 삶을 의미한다고 이해해도 크게 무리는 없을 것이다. 이나모리는 이와 같은 사고방식에서 인생의 목적에 대하여 다음과 같이 이야기한다.

> 태어났을 때보다 조금이라도 더 선한 마음, 아름다운 마음을 가지고 죽는 것, 태어나서 죽을 때까지 좋은 생각과 좋은 행동을 위해 힘쓰고 인격의 도야를 위해 끊임없이 노력하여 생의 기점보다 종점에서 영혼의 품격을 조금이라고 더 높이는 것 이외에 자연과 우주가 우리들에게 생명을 준 목적은 없다.
>
> 그러므로 그 위대한 목적 앞에 이 세상에서 쌓은 재산, 명예, 지위 등은 아무런 의미도 없다. 출세 혹은 사업에서의 성공, 일생 동안 써도 남을 만한 부의 축적도 마음을 높이는 것의 소중함에 비하면 티끌과 같이 사소한 것에 불과하다(이나모리, 2019, 246-247).

곧, 이나모리는 세계적인 대기업을 일군 사업가임에도 불구하고 돈을 번다거나 사업을 한다는 것이 궁극적으로는 마음의 수양에 비하면 사소한 일이라는 점을 역설한다. 이러한 태도가 견지되고 확산된다면 4차 산업혁명 시대에 더욱 가속화되는 자본주의의 확장 내지 발전에 수반되는 온갖 폐해도 상당한 정도로 막아내고, 자본의 축적이 더욱 올바른 길에 사용될 수 있도록 이끌어갈 수 있을 것으로 기대된다.

칼 야스퍼스의 '차축시대'를 통해 본 원불교의 '정신개벽'*

김명희 — 서강대학교

I. 들어가는 말

인류는 과학과 기술 문명에 의해 전개된 4차 산업혁명을 거치며 인간 생활의 눈부신 발전과 변화를 겪게 되었다. 자연에너지를 기반으로 하는 농업혁명의 시기(1000-1750)를 보내고, 증기기관을 기반으로 하는 새로운 산업혁명 시기를 맞게 되었다. 기계화 혁명이라 불리는 이 시기는 1차 산업혁명(1750-1830)이라고 부른다. 이어 전기에너지를 기반으로 하는 대량생산 혁명(전기혁명)이 일어나 2차 산업혁명(1870-1980)을 겪게 되었다. 3차 산업혁명(1969-2014)은 컴퓨

---

* 이 논문은 『원불교사상과 종교문화』 83집 (2020.3.31.) 73-112쪽에 게재되었다.

터와 인터넷에 기반한 지식정보(IT)혁명이다. 오늘날 인류는 인공지능을 기반으로 하는 만물 초 지능혁명 시대인 4차 산업혁명 시대를 살고 있다. 인류는 1,000년 동안 '물질혁명'의 시기를 경험한 셈이다. 농업혁명의 시기가 750년간 지속하였다면, 산업혁명은 불과 270년 동안 네 차례에 걸친 새로운 기술혁명으로 다양한 산업혁명 시대를 열었다. 이처럼 인간의 과학과 기술은 빠른 속도로 인류의 문명을 바꾸어 놓았다. 기술 문명은 인간의 삶의 질을 높이기도 했지만, 인간 소외라는 어두운 그늘도 만들었다.

제2차 산업혁명 시대에 인류의 '기술 문명'과 '정신문명'에 주목한 사람이 있었다. 독일의 철학자 칼 야스퍼스(Karl Jaspers, 1883-1969)와 원불교 교조 소태산 대종사 박중빈(少太山 大宗師 朴重彬, 1891-1943, 이하 소태산)이다. 야스퍼스와 소태산은 서양과 동양이라는 다른 공간에서 과학과 기술 문명이 가져오는 폐해를 직시하여 그 극복방법으로 '정신문명'의 필요성을 주창하였다.

야스퍼스는 세계 문명이 최고점에 이른 시기를 기원전 800-200년 사이로 잡는다. 이 시기에 세계대종교와 그리스철학은 인류의 문명을 정점에 올려놓은 '차축의 시대'를 열었다는 것이다. 이후 과학·기술시대를 거치면서 인간의 정신문명은 기술혁명을 따라잡지 못하게 되었다. 인간은 기계를 위해 봉사하게 되었고, 기성품과 같은 인간으로 전락하게 되었으며, 인간성의 상실로 인류는 시름 해야 했다. 야스퍼스는 기술 문명으로 추락한 개인과 사회를 다시 '원천'으로 돌려놓는 유일한 길은 정신문명에 있다고 보았다. 4차 산업혁명 시대는 야스퍼스가 제안한 정신문명을 기반으로 하는 '제2의 차축의 시대'를 기대하게 되었다. 원불교 교조 소태산도 발전하는 과학 문명을 마주하며, 인간의 정신이 그에 못 미쳐 물질의 지배를 받는 암울한 현실을 직시하게 되었다. 그리하여 그는 "물질이 개벽 되니 정신을 개벽하자"[1]라는 표어 아래 원불교를 개교하게 되었다.

제2차 산업혁명 시대에 기술 문명의 혜택을 인식했던 소태산은 '정신개벽'과 '물질개벽'의 조화를 추구하였다. 소태산은 개교 때부터 "물질이 개벽 되니 정신을 개벽하자"란 표어와 함께 원불교의 정체성을 '물질개벽과 정신개벽'에 두었다. 물질의 노예가 된 인간을 바라보며, 물질과 정신의 조화를 추구하는 '개벽 종교'의 시대를 열었다. 물질개벽의 주체는 물질이 아닌 인간이어야 함을 인식하였다. 소태산에 따르면, 인간은 물질에 끌리지 아니하고, 물질을 사용해야 한다(대종경, 101). 물질은 인간을 신낙원(身樂園)에 이르게 하는 수단이다. 수단 없이 목적을 달성할 수 없다. 물질과 정신은 모두 인간을 이롭게 하는 것으로서 일원적 상생 관계를 갖는다. 산업혁명 시대에 물질과 정신의 간극으로 초래된 인간소외 현상을 물질과 정신의 조화로 극복하자는 게 원불교의 개교 동기다. "물질이 개벽 되니 정신을 개벽하자"란 표어는 이런 배경하에서 출현하였다.

원불교의 목적은 정신문명과 물질문명을 촉진하여 도학과 과학을 나란히 발전시켜 결함 없는 세상을 만드는 것이다(대종경, 131). 이를 위해 소태산은 법신불 일원상진리(法身佛一圓相眞理)를 축으로 하는 사은사요(四恩四要)와 삼학팔조(三學八條)의 강령을 제시하였

---

1 "물질이 개벽 되니 정신을 개벽하자"는 표어는 『원불교 전서』 중 「원불교 교전」 표시 바로 뒤쪽에 적혀있다. 이것을 보아도 '물질개벽과 정신개벽'이 원불교의 중심축임을 알 수 있다.

다. 그는 이 구체적 강령을 통해 '물질개벽'의 본래 목적이 달성된다고 믿었다. 그것은 과학·기술 문명의 폐해를 차단하고 '물질'의 순기능을 작동케 해 개인과 사회가 '낙원'에 이르게 하는 것이다(원불교전서, 131).[2] 야스퍼스의 '차축시대'와 소태산의 '정신개벽'은 산업혁명 시대의 인간들에게 '물질의 노예'와 '기계'가 아닌, 인간다운 삶을 위한 '정신문명'의 길을 제시한다. 야스퍼스는 '철학적 신앙'을, 소태산은 '도학'을 통해 '세상의 병'(대종경, 133-135 참조)을 치료할 수 있다고 확신하였다.

본 논문은 과학 문명/물질문명의 위기를 정신문명으로 극복할 것을 주창한 원불교의 '정신개벽'의 의미를 야스퍼스의 '차축시대'를 통해 고찰한다. 독일의 실존주의 철학자 야스퍼스의 '차축시대'의 시각에서 원불교의 '물질개벽과 정신개벽'을 조명하는 이유는 다음과 같다: 첫째, 원불교의 개교 동기가 된 '물질개벽과 정신개벽'이 세계 종교사에서 어떤 의미를 함의하는지 '차축시대'를 통해 탐구하는 데 있다. 둘째, 정신과 물질의 조화가 동양과 서양, 종교와 철학에 중요한 주제임을 철학자 야스퍼스와 원불교 교조 소태산을 통해 고찰하기 위함이다. 특히 종교가 과학과 기술 문명 시대에 정신문명의 기반을 제공할 수 있음을 진단한다. 셋째, 산업혁명 시대에 인류가 당면한 인간소외의 문제를 종교가 어떻게 관여하는지 탐구한다. 독일의 철학자 야스퍼스는 과학과 기술 문명이 낳은 폐해의 해결책을 '정신문명'에서 찾았는데, 그 정신문명의 개벽을 개교의 동기로 삼아 출현

---

2 소태산은 마음을 바로 사용함으로써 모든 문명이 낙원건설의 보조 기관이 된다고 말한다. 여기서 '모든 문명'이란 물질문명과 정신문명을 의미한다. 이 두 문명은 최종 목적인 '낙원'을 건설하는 데 수단이 된다.

한 종교가 원불교라는 점에서 '차축시대'와 연관해 '정신개벽'을 고찰한다.

본 고는 먼저 원불교의 물질개벽과 정신개벽에 대해 살펴본 후, 야스퍼스의 차축시대를 통해 원불교 정신개벽의 의미를 탐색한다. 그리고 원불교의 '정신개벽'이 제4차 산업혁명 시대를 사는 우리에게 물질의 '병'으로부터 벗어나 인간의 생명을 살리는 '신낙원'(身樂園)에 이르게 할 '정신문명'이 될 수 있는지 살펴본다.[3]

II. 원불교의 물질개벽과 정신개벽

원불교는 1916년(원기 1년) 4월 18일 소태산 박중빈 대종사(少太山 大宗師 朴重彬, 1891년 5월 5일-1943년 6월 1일)의 큰 깨달음을 계기로 시작된 종교다. 소태산은 20여 년간 구도 고행 끝에 '만유가 한 체성이요 만법이 한 근원'이라는 법신불 일원상(法身佛一圓相)의 진리를 깨달은 후 장차 인류와 세계의 미래가 물질문명의 발달로 인해 정신문명이 크게 약해질 것을 예견하고 '물질이 개벽 되니 정신을 개벽하자'란 표어를 제창하며 원불교를 설립했다. 법신불 일원상은 신앙의 대상과 수행의 표준이 되었으며(정전, 23-24 참조), '진리적 신앙'과 '사실적 도덕의 훈련'을 통해 구체화되었다.[4] 소태산은 100여

---

3 본 고는 2015년 한국연구재단 일반공동연구 주제인 "'돈'과 종교: 소비자본주의 시대의 종교지형도 그리기"의 '원불교 편' 3차년도 연구로서, 앞서 진행된 1차와 2차의 연구결과물과 호환해 연구를 수행했음을 밝힌다.

4 원불교 홈페이지 「원불교 소개」 "원불교란?" 참조 (http://guide.won.or.kr/pages/

년 전에 이미 인류가 물질문명으로 피폐해질 것을 예견하고 정신개벽을 주창하며 새로운 종교를 창시하였다.

원불교는 소태산의 개교 이념에 따라 신앙과 수행을 병진하는 종교가 되었다. 신앙과 수행은 물질문명의 폐단을 극복하기 위한 정신개벽의 두 축이다. 원불교의 개교 이념이 독특한 것은 정신개벽 이후에 물질개벽이 나온 것이 아닌, 물질개벽으로 인해 정신개벽이 등장하게 되었다는 점이다. 과학과 기술의 발달로 물질문명은 발전했지만, 정신문명이 결여된 물질개벽이었다. 정신개벽이 따르지 않는 물질개벽은 인간소외와 인권유린이라는 폐해를 가져왔다. 하지만 소태산에게 '물질'은 '정신'과 상반되는 부정적 영역이 아니다. "사람은 만물의 주인"이기 때문에 "만물은 사람이 사용"하기에 달렸다(대종경, 96). 즉 만물/물질이 아닌, 만물/물질을 사용하는 사람의 정신이 잘못될 때 만물/물질은 인간에게 폐해를 가져오게 된다는 의미다. 소태산은 "사람의 정신이 능히 만물을 지배"(대종경, 96)해야 함을 역설한다. 다시 말해 인간의 정신이 물질을 올바로 지배할 때 물질은 인간에게 순기능을 하게 된다는 것이다. 그는 도학(정신)과 과학(물질)이 병진할 때 참 문명 세계가 열린다고 역설한다(대종경, 98). 원불교에서 물질과 정신, 물질개벽과 정신개벽은 대립 관계가 아닌 상생 관계를 갖는다.

과학과 기술의 발달로 18세기 후반부터 진행된 산업혁명 시대는 인간을 위한 산업화에서 물질이 중심이 된 산업사회로 변질하고 말았다. 물질문명이 가져온 긍정적 영향 이면에 '인간소외' 및 '불평등

---

what).

사회'라는 부정적 측면을 발생시켰다. 19세기 말에 태어나 2차 산업 혁명의 시대를 살았던 소태산은 당시 시국을 살펴보고, 앞으로 다가올 3차, 4차 산업혁명까지 예견하며 물질문명이 가져올 병폐에 대비해 '물질이 개벽 되니 정신을 개벽하자'를 원불교의 지도 강령으로 삼았다(대종경, 95-96).

다음은 원불교의 강령인 물질개벽과 정신개벽이 어떤 의미이며, 원불교가 두 개벽 사상을 통해 추구하는 바가 무엇인지 살펴본다.

1. 물질개벽

'물질개벽과 정신개벽'을 원불교 개교의 동기로 삼았을 때 소태산은 '물질'을 부정적 의미로 생각하지 않았다. 짐멜(Georg Simmel)이 말한 바 물질 자체는 비인격적이고 중립적이다(Simmel, 2014, 39-45 참조). 소태산은 물질을 사용하는 주체인 인간의 정신에 따라 물질 사용의 결과가 달라진다고 생각했다. 그래서 그는 사람이 정신을 물질에 종속시키지 말고 물질을 사용하라고 당부한다(대종경, 101). 소태산은 과학기술의 발달로 물질의 세계가 날로 융성해지는데, 인간의 정신은 그에 미치지 못함을 염려했다. 그러할 경우 인간이 물질의 노예가 될 수 있기 때문이다. 그 끝은 개인과 가정, 사회와 국가가 모두 도탄에 빠지게 된다고 경고한다(대종경, 100-101). 그래서 소태산은 물질을 사용하는 사람의 마음이 하늘의 마음이 되어 천지로 더불어 그 덕을 합하게 되면, 모든 일이 다 성공할 것이라고 설파한다(대종경, 101). 소태산이 원불교 창립의 준비로 저축조합을 계획하고 방언 일을 시작한 것도 물질에 대한 긍정적 견해에 따른 것이다(원불교 전서, 97-99 참조).5 소태산에 따르면, 결국 물질의 순기능과 역기능은 물질을 사용하는 인간의 마음, 즉 인간의 정신에 달려 있음을 알 수 있다.

소태산의 물질의 순기능과 역기능에 대해 독일의 사회학자 게오르그 짐멜이 쓴 『돈이란 무엇인가』에서 말하는 '돈'의 역할과 기능을 중심으로 간단히 살펴본다. 짐멜이 사용한 '돈'은 근대 이후에 형성된 자본주의 체제에서 '물질'과 상응하는 개념이다(김명희, 2016, 124-131 참조).

1) 물질의 순기능: 수단으로서의 물질

원불교에서 '물질개벽'은 다른 종교와 달리 개교의 동기로 삼을 정도로 인간 삶에 있어서 중요한 요소다. 원불교의 '물질이 개벽 되니 정신을 개벽하자'는 개교 동기 안에 물질과 정신 모두 개벽의 대상이다. 물질과 정신은 병존하는 것이다. 소태산은 정신문명과 물질문명이 함께 촉진되어야 하는 이유를 '영육쌍전'(靈肉雙全)과 '내외겸전'(內外兼全)6으로 결함 없는 세상을 만들기 위함이라고 밝힌다(대종경, 131). 이것은 정신뿐 아니라 물질 또한 정의로운 세상을 만드는 데 필요한 요소임을 암시한다. 물질문명과 정신문명은 균형을 잃지 말아야 한다는 게 핵심이다. 소태산은 물질문명에만 집중하고 정신

---

5 여기에서 소태산은 저축조합과 방언공사가 가져다주는 효과를 다양하게 제시하고 있다.
6 여기서 내·외란 정신문명과 물질문명을 가리킨다.

문명을 등한시하면 화가 미친다고 경고한다(대종경, 132). 그러므로 "안으로 정신문명을 촉진하여 도학을 발전시키고 밖으로 물질문명을 촉진하여 과학을 동시에 발전시켜야" 한다고 역설한다(대종경, 131). 마음 사용을 바르게 할 때 물질문명의 혜택을 누릴 수 있다는 것이다. 일 예로 사·농·공·상에 대한 학식과 기술을 잘 익히게 되면, 물질문명이 낙원 건설에 기여할 수 있음을 경험하게 된다는 것이다(대종경, 130-131 참조). 그래서 소태산은 개교 시부터 물질개벽을 위해 저축조합과 방언공사를 제안하고 추진하였다(대종경, 97 이하 참조).

「대종경」제1 서품 10-11에서 소태산은 춘풍의 질문에 답하면서 저축조합과 방언공사를 해야 하는 이유를 밝힌다. 저축조합과 방언공사를 통해 도덕을 배우는 데 필요한 비용준비와 합력하면 이루지 못하는 것이 없다는 춘풍의 의견 외에도, 소태산은 불가능한 간척지를 개척함으로써 참된 신심의 유무를 알 수 있다고 말한다. 모든 사업을 성취할 힘이 있는지 여부도 알게 되고, 소비 절약과 근로 작업으로 자급자족하는 방법도 배우게 되어 복록(福祿)을 얻게 된다고 한다. 더욱이 스스로 괴로움을 이길 만한 자력의 힘도 얻게 된다. 소태산에게 저축조합과 방언 공사는 단순히 돈을 벌기 위한 목적이 아니라, 신자들에게 자력(自力)과 자주(自主)하는 법을 가르쳐 물질세계에 주체적 존재로 살아가도록 만드는 자력갱생(自力更生)의 수단이다. 소태산은 사람들에게 노동과 직업의 중요성과 저축 및 허례허식을 폐지하고 근검절약할 것을 요구하였다. 그에게 물질은 인간의 존엄성 회복의 수단으로서 작용할 때 의미가 있다.

짐멜에 따르면, '수단으로서 돈'은 객관적이고 중립적이고 비인
격적인 특성을 갖는다. 따라서 직업과 신분이 낮은 소외계층들은 돈
의 양적 소유를 통해 그들의 자유와 평등을 찾을 수 있다(Simmel,
2014, 39-45 참조). 소태산은 물질의 양적 소유가 가져다주는 순기능
을 인지하고 원불교 개교 시부터 저축, 방언공사, 근검절약 그리고
노동을 강조하였다. 그에게 물질은 인간의 자유와 평등을 확보해 주
고, 인간의 존엄과 인격을 회복시켜주는 수단이었다. 물질은 당시 소
외된 사회계층의 백성들에게 자유와 평등을 찾아 주는 기재라고 믿
었다. 소태산은 물질개벽을 통해 빈곤·질병·무지를 극복하고, 의식
주 생활을 향상하여 삶 속에서 신낙원(身樂園)을 실현할 수 있다고
보았다. 육신의 의식주를 위해 우선 되어야 할 것이 일심과 알음알
이, 실행의 힘을 갖춘 정신이다. 이 세 가지 힘이 양성되어야 의식주
의 문제가 해결될 수 있다고 본 것이다(대종경, 123). 짐멜의 말대로
물질 자체는 도덕과 윤리와 무관하다. 다만 물질을 수단으로 사용하
는 사람이 어떻게 사용하는가에 따라 물질은 인간을 파괴하는 도구
로 전락할 수 있다(김명희, 2016, 124-130 참조). 바로 이점이 소태산
이 정신문명 없는 물질문명은 인간을 불행하게 만든다고 강조한 이유다.

2) 물질의 부정적 기능: 목적으로서의 물질

짐멜은 수단에 불과한 '돈'이 최종 목적이 되고 절대적 가치가 될
때, '돈'이 신의 자리로 등극하는 비운을 맞게 된다고 경고한다(Simmel,
2014, 10). 다시 말해서 수단으로서의 물질이 목적으로서의 물질이

될 때 인간은 물질을 삶의 최고 원리인 것처럼 신뢰하게 된다는 것이다(Simmel, 2014, 77). 인간 삶의 향상을 위해 수단으로 사용되어야 할 물질이 인간 삶의 최종 목적이 될 때 인간은 물질과 함께 추락하게 된다.

소태산은 정신문명이 뒷받침되지 않은 물질문명은 세상을 병들게 한다고 우려한다(대종경, 135). 세상은 첫째, 돈의 병에 걸리게 된다. 사람들은 인생의 온갖 향락과 욕망을 위해 돈을 우선시하며 의리나 염치를 저버린다. 짐멜이 지적한 대로 사람들에게 '물질'은 신의 자리에 등극한 '돈'과 같다. 둘째, 원망의 병이다. 개인과 가정, 사회와 국가가 서로 자기 잘못은 알지 못하고 남 탓만 하며, 상대방의 은혜를 모르고 싸움과 원망만 일삼는다. 셋째, 의뢰의 병이다. 부유한 집안 자녀들이 일은 하지 않고 놀면서 친척과 친구의 도움만 받으려 한다. 소태산이 사요교리에서 강조했던 '자력양성'(自力養成)이 결여한 병이다. 넷째, 배울 줄 모르는 병이다. 사람들은 자기의 부족함을 알고 겸손히 모든 일에 배우려는 의지가 필요한데 그렇지 못하다. 소태산에게 있어서 '공부'는 정신개벽을 위해 꼭 필요한 요소다. 사요교리에서 '타자녀 교육'을 강조한 이유도 바로 이 때문이다. 소태산은 경전 곳곳에서 도학을 공부해야 함을 누누이 역설한다. 다섯째, 가르칠 줄 모르는 병이다. 소태산은 사람은 배운 지식을 반드시 사물에 활용할 줄 알아야 하며, 그것을 또한 후진에게 가르쳐야 한다고 역설한다. 물질이 긍정적으로 기능하기 위해 전제가 되는 것이 배움과 가르침 그리고 적용이다. 그래서 사요교리의 지자본위(智者本位)나 타자녀 교육도 가르침에 초점을 맞춘 강령이다. 마지막으로 공익심이 없는 병이다. 소태산은 사람이 개인주의를 타파하고 공공선을 추구할 것을 당부한다. 원불교의 사은 교리가 이 공공선을 추구한다. 즉 천지, 부모, 동포가 은(恩)의 관계 안에서 상생(相生)하게 된다. 법률은을 통해서는 세계평화가 구축된다. 그러니 사람에게 공익심이 없다면 세상은 병들고, 세계는 평화롭지 못하게 된다(대종경, 133-135). 물질의 역기능으로 공공선이 붕괴되어 사회의 위기를 맞게 된다.

물질의 순기능인 '수단으로서의 물질'과 물질의 역기능인 '목적으로서의 물질' 사이에서 무엇을 선택할 것인가 하는 결정권은 인간 자신에게 달렸다. 양자택일의 선택 기로에 서 있는 인간을 계몽시키는 것은 종교의 몫이다. 소태산은 물질이 긍정적 순기능을 할 수 있도록 도학을 장려하고 가르칠 것을 제안한다. 각자의 병든 마음과 병든 세상을 치료하기 위해 필요한 것이 인생의 요도인 사은 사요와 공부의 요도인 삼학 팔조라고 역설한다(대종경, 135). 이처럼 물질이 장애 없이 긍정적 기능을 할 수 있도록 계몽하는 것이 정신개벽의 목표다. 그러나 물질이 순기능을 할 수 있게 하는 것은 단순히 개인의 몫만은 아니다. 정신개벽에 기반한 정의로운 사회가 구현될 때 참다운 물질개벽이 가능한 것이다.

2. 정신개벽

원불교의 '정신개벽'은 "물질의 세력을 항복 받아, 파란 고해의 일체 생령을 광대무량한 낙원으로 인도"하려는 데 목적이 있다(정전,

21). 18세기 말 산업혁명과 함께 등장한 물질개벽은 19세기 들어 가속화의 길을 걷기 시작했다. 과학·기술 문명의 발전으로 인간 생활은 편리함과 다양한 물질문명의 혜택을 누릴 수 있었다. 그러나 물질문명의 상승곡선과는 달리 인간의 존엄성과 인권은 하강 곡선을 그리게 되었다. 인간 삶의 향상과 편리를 위해 발원한 물질문명은 인간 정신의 물질의 노예화를 촉발했고, 인간성 상실이라는 폐해를 낳게 되었다.

원불교의 창시자 소태산은 '물질개벽'과 함께 나타난 물질의 부정적 기능을 보며 '정신개벽'의 필요성을 인식하게 되었다. 이미 언급한 대로 물질의 순기능을 통해 인간의 자유와 평등, 인권을 확립할 수 있다는 희망 외에도, 물질의 역기능도 있다는 것을 소태산은 직시하였다. 그리하여 그는 '물질개벽과 정신개벽'을 개교 동기로 삼고 원불교를 창시하였다. 소태산은 법신불 일원상을 진리적으로 신앙함과 동시에 수행의 표본으로 삼게 하였다. 이를 위해 '진리적 종교의 신앙'과 '사실적 도덕의 훈련'이라는 두 길을 제시하였다(허석, 2018, 168). 진리적 종교의 신앙과 사실적 도덕의 훈련은 정신세력을 확장하고 물질세력을 항복 받는 구체적 방법으로 상호교차한다. 곧 '진리'는 '사실'이고, '종교'는 '도덕'이며, '신앙'은 '훈련'이다. 진리적 종교의 신앙은 인생의 요도인 사은사요와 관계하며, 사실적 도덕의 훈련은 공부의 요도인 삼학팔조와 관계한다. 미래사회의 신앙과 수행은 진리성과 사실성에 근거해야 한다는 것이 소태산이 강조하는 바다. 원불교에서 중요한 것은 신앙과 수행의 병존으로, 진리적 신앙과 사실적 수행을 통한 훈련으로 정신의 힘을 쌓아 가는 것이다. 소태산은 훈련의 구체적 방법으로 사은사요와 삼학팔조를 제시한다 (대종경, 135).

1) 진리적 종교의 신앙: 사은 사요

진리적 종교의 신앙에 기반이 되는 것으로 사은(四恩)과 사요(四要)가 있다. 신앙의 두 기둥이라고 할 수 있는 사은 신앙은 상생의 원리로서, 사요 신앙은 사회개혁의 원리로서 정신개벽을 구현한다.

(1) 상생의 원리로서 사은 신앙

'사은'(四恩)은 연기(緣起)의 원리를 기반으로 우주 만유의 존재론적 문제를 해명하는 교리다. 사은은 일원상 진리의 실재인 우주 만유 전체를 천지·부모·동포·법률이라는 네 가지 범주로 나누어, 각각의 피은·보은의 도를 제시한 원불교 신앙법이다(허석, 2018, 169; 박진영, 1998, 266). 상생의 원리로서 사은(四恩)은 인과보응의 원리를 통해 모든 존재를 '없어서는 살 수 없는 관계'로 규정한다(박광수, 2010, 91). 소태산은 '사은'을 가리켜 '일원상의 내역'이자 '일원상의 현현'이라고 밝힌다(원광대학교 종교문제연구소, 1981, 424). 일원상 진리가 체(體)라면, 사은은 상(相)이다. 원불교의 중심 사상인 '일원상 진리'(一圓相眞理)의 구체화가 '사은'인 것이다. 한 마디로 은(恩)은 세계와 인류가 함께 살 수 있는 원리이다(최건풍, 1989, 159). 은(恩) 사상은 만물의 윤리 관계이며 존재 방식이다. 천지은(天地恩), 부모은(父母恩), 동포은(同胞恩), 법률은(法律恩)은 연기(緣起)의 원리에 따라 상호상생(相互相生)의 관계를 갖는다. 즉 이것이 있어 저것이 존재하고 상대가 있어 내가 존재한다. 사은의 공생공존(共生共存) 관계는 이기적 부의 축적을 억제하고, 사회 공동선을 위한 물질의 선(善) 순환적 기능을 촉진 시킨다(김명희, 2016, 134). 사은은 물질개벽으로 인해 사회에 만연한 돈과 원망의 병, 의뢰와 배울 줄 모르는 병 그리고 가르칠 줄 모르고, 공익심 없는 병을 치료한다(허석, 2018, 169).

사은은 '피은'과 '보은', '보은의 결과', '배은'과 '배은의 결과'라는 인과 관계로 구성된다. 즉 사은의 은혜를 입은 내역(被恩)을 깊이 느끼고 알아서(知恩) 그 은혜에 보답(報恩)하게 되면 그에 상응하는 결과를 받는다. 반대로 은혜를 알지 못하거나 안다고 할지라도 실행이 없게 되면(背恩) 그에 따르는 배은의 업보를 받게 된다. 사은의 신앙이란 인과보응의 진리를 믿고 실천하는 것이다(허석, 2018, 170).

천지은(天地恩)은 하늘과 땅이 베푸는 덕에 대한 보은으로, 서로에게 무념 보시하면 세계가 하나가 될 수 있다는 것이다. 여기서 중요한 것은 '하늘'(天)뿐 아니라 '땅'(地) 곧 '물질'(物質)로부터 받은 덕에 대해서도 이웃에게 보은하라는 것이다. 물질이 이타적으로 사용되어야 함을 강조한다. 부모은(父母恩)은 부모에게 받은 은혜를 무자력한 약자에게도 베풀자는 것이다. 부모의 자식에 대한 조건 없는 사랑처럼 이웃에게도 이타적 사랑이 요구되는 강령이다. 동포은(同胞恩)을 통해서는 자리이타(自利利他)가 추구된다. 인류는 모두가 한 가족이자 동포이므로 이타적 정신을 통해 협동해야 한다. 이는 원불교가 추구하는 바이다.7 이기주의와 개인주의를 버리고 서로 함께

---

7 원불교의 제3대 종사인 대산 김대거(1914-1998)는 "진리는 하나, 세계도 하나, 인류

베풀면서 모두가 공생 공영을 위해 힘써야 함을 요구한다. 자리이타는 자본주의 경쟁 사회에서 정의(正義) 구축의 핵심원리이기도 하다(정전, 33 참조). 더욱이 자리이타의 상생 관계는 강자와 약자를 경쟁과 대립이 아닌 협력자로 이해하게 만든다(정전, 85-86 참조). 법률은(法律恩)은 법질서를 통한 세계평화구축이 목표다. 소태산은 제도와 법률에 따라 모든 경제활동의 기반이 되는 사·농·공·상의 기관을 설치하자고 제의한다. 이를 통해 사·농·공·상의 종사자들이 생활을 보장받을 수 있고, 사회정의가 수립될 수 있다고 본 것이다. 법률은의 핵심강령이 '불의 제거'와 '정의실현'인 까닭이 바로 이 때문이다(정전, 36-46 참조).

원불교의 사은(四恩)은 모든 개체가 서로에게 은적(恩的) 존재가 된다는 진리를 선언한다. 모두가 서로에게 없어서는 안 되는 연기적 존재들이라는 것이다. 사은은 이기적이며 경쟁 구도의 물질세계를 이타적 순기능을 하도록 변혁시켜, 사회의 공동선 구축에 기여하게 한다(김명희, 2016, 136). 사은은 물질세계의 병폐를 극복하고 인류가 공생 공영하는 낙원 세계를 건설하는 데 필요한 도덕 윤리가 되기도 한다(허석, 2018, 169). 이런 의미에서 상생의 원리로서 사은에 대한 신앙은 정신개벽의 토대원리가 될 수 있다.

(2) 사회개혁 원리로서 사요 신앙

정신개벽의 원리로서 사은 신앙 외에 사요신앙이 있다. 소태산

는 한 가족, 세상은 한 일터, 개척하자 하나의 세계"라는 표어 아래 종교연합운동을 펼치기도 했다.

은 '사요실천론'(四要實踐論)을 통해 상대적 빈곤이 사라진 평등세계가 구축될 수 있다고 확신한다(정전, 39-46). 사요는 사은의 신앙을 구체화한 행동강령이라고 할 수 있다. 사요란, 평등한 사회건설을 목표로 개인이 사회적 존재로 성숙해가는 과정을 뜻한다(이진수, 2013, 82). 사요는 '자력 양성', '지자본위', '타자녀 교육', '공도자 숭배' 강령으로 구성된다. 4개 강령을 통해 인권 평등, 지식 평등, 교육 평등, 생활 평등이 실현된다. 이 사회개혁의 원리들은 불평등의 문제가 해결된 이상사회의 건설을 목표로 삼는다(심대섭, 1998, 153-154).

사요 중 첫째 항목인 '자력 양성'(自力養成)은 인간의 주체성 및 자율성을 통해 평등사회를 수립하는 것이다(정전, 39-41 참조). 자력 양성으로 구현된 경제적 자립은 자본주의 사회에 만연한 불평등과 차별을 척결하는 데 중요한 역할을 하게 된다. 그리고 개인의 경제적 자립은 사회참여의 통로가 된다. 경제적 자립을 위해 무엇보다 중요한 것이 직업이다. 직업을 통해 자력양성을 실천할 수 있기 때문이다(이진수, 2013, 83; 조정제, 1980, 207-208 참조). 소태산은 "남녀가 다 같이 직업에 근실하여 생활에 자유를 얻어, 가정이나 국가에 대한 의무와 책임을 동등하게 이행"할 것을 당부한다(정전, 41). 당시 남녀차별의 시대를 살면서 남녀가 동등해야 함을 인식하였다. 그는 여성들도 자력 양성을 위해 직업을 가질 것을 권면하면서, 남성과 동등하게 가정과 국가에 대한 의무와 책임도 요구한다. 여성의 자력 양성이 여성의 인권을 확보해 줄 수 있다고 믿은 것이다. 이뿐 아니라 소태산은 불교의 승려들이 직업을 갖지 않는 것을 비판하면서 출가자나 재가자 모두가 직업을 가져야 함을 역설한다. 출가자나 재가자를 막론하고 불법 공부와 함께 세상일도 잘해야 한다고 강조한다. 불법 공부를 잘하면 세상일도 잘하게 되어있다는 것이다. 소태산에게는 정신과 물질이 대립한 것이 아니다. 물질개벽과 정신개벽에 있어서 중요한 것은 '영육쌍전'의 이치다. 그러므로 출가자, 재가자 모두 사·농·공·상에 종사할 것을 제안한다(대종경, 103). 루터와 칼뱅 같은 기독교 종교 개혁가들이 내세운 '직업 소명설'처럼 소태산에게 직업은 출가자의 수행만큼이나 중요하다. 직업을 통해 성취되는 자력 양성으로 인간은 진리를 깨닫고 윤택한 생활을 할 권리를 누리게 된다(정전, 39-41 참조).

둘째, 지자본위(智者本位)는 배움을 위해서 지혜로운 자를 지도자로 내세우자는 것이다(원불교 법무실, 2006, 136). 이때 중요한 원칙 하나는 배움에 있어서 어떤 차별도 허락하지 않는다. 소태산은 신분고하, 출신성분, 남녀노소, 종족 간의 차별 없는 배움의 균등한 기회를 역설한다(정전, 41-42). 소외자와 약자가 사회에서 인정받을 수 있는 길은 교육이고, 교육받은 자만이 정의로운 사회를 구축한다.

셋째, 소태산은 교육을 통해 세상의 문명을 촉진 시켜 일체 동포가 낙원의 생활을 하자고 제안한다(정전, 43). 소태산에게 교육은 물질문명을 선도(善導)할 정신문명의 중요한 강령이다. 그는 교육기관을 확장하고 자타의 국한을 벗어나 모든 후진에게 두루 교육의 길을 열어주자고 설파한다. 소태산에 따르면 과거 교육은 불평등하고 소극적이었다. 정부나 사회에서 교육에 대해 성의가 부족했으며 권장이 없었고, 여자와 하천한 사람에게는 교육의 기회가 제공되지 않았다. 교육받은 개인은 그 혜택을 다시 나눠주지 못했고, 언론과 통신

기관이 열악해 교육에 대한 의견도 교환하지 못했다. 더 중요한 것은 유산자에게만 교육의 혜택이 주어졌고, 무산자는 물질이 없어서 교육을 받지 못했다(정전, 43). 그리하여 소태산은 자녀 유무와 상관없이 타 자녀라도 모두가 함께 내 자녀처럼 교육받을 것을 제안한다. 이것을 위해 필요한 것이 교육기관인데, 국가나 사회가 교육기관을 널리 설치해 적극적으로 교육해야 한다고 주장한다(정전, 44). 소태산은 자본주의 시대의 불평등한 폐해들을 예감하고 남녀차별과 빈부의 격차를 줄일 방안으로 보편적이고 평등한 교육을 할 것을 제안하였다. 교육을 개인 차원에서 사회 차원으로 인식하여 '타자녀 교육'을 원불교 정신개벽의 강령으로 삼은 것이다.

넷째, 공도자 숭배다. 세계와 국가, 사회 혹은 교단을 위해 공헌한 사람들을 자녀가 부모를 공경하듯 숭배한다. 누구나 공평하고 바른 도리(公道)에 따라 살면 공도자가 될 수 있다. 모두를 위해 헌신하는 공도자가 많을 때 세상은 평화롭게 된다(정전, 44-46). 『정전』에서는 그동안 공익의 기초인 사·농·공·상이 전문교육을 받지 못했고, 종교의 교리와 제도가 대중적이지 못했으며, 정부나 사회에서 공도자에 대한 표창이 적었다고 지적한다. 따라서 자타의 구분을 벗어나 모두가 공도 사업에 참여할 것을 권장한다(정전, 45). 공도자 숭배에 앞서 공도 사업이 있어야 하는데 그 기초가 되는 것이 사·농·공·상이다. 이것을 위해 사·농·공·상의 전문교육과 시설기관이 필요하고, 종교의 교리와 제도가 대중적이어야 한다. 그리고 반드시 공도자에 대한 표창이 있어야 한다. 원불교는 공도 사업과 공도자 숭배를 통해 인류가 일원상 진리 아래 하나임을 선포하고 있다. 이기주의와 개인주의가 팽배한 자본주의 시대에 '공도자 숭배'는 원불교가 추구하는 신낙원(身樂園) 건설에 필요한 강령이라고 본 것이다.

이상, 정신개벽을 위한 진리적 종교의 신앙으로서 사은사요 신앙을 살펴보았다. 이 두 신앙의 특징이라면 초월적 대상(예로, 기독교의 神)에 대한 신앙이기보다는 인간이 세상에서 실현할 '낙원'의 실제적 강령에 대한 신앙이라는 점이다. 즉 '진리적 종교의 신앙'은 '무엇에 대한' 존재론적 신앙이 아닌, '무엇을 위한' 본질론적 신앙이라고 할 수 있다. 이 신앙은 인류가 연기의 원리 안에서 상호 상생(相互相生)하기 위한 일원상 진리의 신앙을 의미한다. 진리적 종교의 신앙은 물질개벽과 정신개벽의 토대가 되는 신앙이다. 소태산은 사은 사요를 통한 정신개벽을 개인의 인권뿐 아니라, 개인과 개인이 연대하고 국가와 사회가 지원하는 '사회개벽'으로까지 확장한다.

2) 사실적 도덕의 훈련

인류가 과학과 기술 문명이 발전하면서 인간의 정신 또한 이에 상응해 성숙시켜야 할 필요가 생겼다. 사은 사요가 '진리적 종교의 신앙'이라면, 삼학팔조는 '사실적 도덕의 훈련'으로서 정신개벽의 신앙과 수행의 두 축을 나타낸다. 원불교에서 강조하는 것은 신앙과 수행이 각각 별개가 아닌 병존하는 '영육쌍전'의 관계라는 것이다. 법신불 일원상진리가 체(體)라고 한다면, 진리적 종교의 신앙은 상(相)이고, 사실적 도덕의 훈련은 용(用)이라고 할 수 있다. 체·상·용은 어느 하나만 있어서 가능한 것이 아닌, 상즉상입(相卽相入)하는 진리의 총체다(김명희, 2011, 183 참조). 체(體)의 법신불 일원상진리가 강령으로 현현(顯現)된 것이 '진리적 종교의 신앙'이고, 이것의 작용(作用)이 '사실적 도덕의 훈련'이라고 할 수 있다. 『정전』에서는 사실적 도덕의 훈련으로서 '삼학수행'(三學修行)과 '팔조'(八條)를 제시한다. 삼학은 정신수양(精神修養), 사리연구(事理硏究), 작업취사(作業取捨)로 구성되며, 팔조는 진행사조(進行四條)와 사연사조(捨捐四條)로 이루어진다.

삼학(三學)의 '정신수양'은 온전한 정신을 얻어 자주력(自主力)을 양성하기 위한 것이다. 정신수양은 마음 안에 있는 분별성과 주착심을 제거하여 고요한 정신을 소유하게 된다(정전, 46-47). '사리연구'의 목적은 "천조의 난측한 이치와 인간의 다단한 일"을 연구하여 실생활을 밝게 분석하고 빠르게 판단할 수 있게 하는 것이다. 사리연구를 오랫동안 하게 되면 '천만 사리를 분석하고 판단'하는데 필요한 지혜를 얻게 된다(정전, 48-49 참조). 작업취사는 정신수양과 사리연구를 통해 얻은 수양력과 연구력을 실제 일에 사용해 좋은 결과를 내는 것이다. 즉 인류가 선악의 분별력을 가지고 욕심을 제어하면서 불의를 버리고 정의를 선택할 수 있도록 만든다. 결국, 삼학은 인간 마음 안에 있는 욕심을 다스려 물질의 부정적 기능에서 벗어나는 길을 제시한다. 물질이 수단이 아닌 목적이 될 때 인간은 물질의 노예가 되고 만다. 소태산은 '삼학'을 통해 과학과 기술 문명이 인간에게 '신낙원'을 실현할 수 있음을 설파하고 있다.

팔조에는 진행사조(進行四條)와 사연사조(捨捐四條)가 있다. 취해야 할 사조와 버려야 할 사조로 구성된다. 진행사조(進行四條)에는 신(信), 분(忿), 의(疑), 성(誠)이 속한다. 신(信)은 믿음으로 모든 일을 이루려 할 때 마음을 정하는 원동력이다. 분(忿)은 용장한 전진심으로, 만사를 이루려 할 때 권면하고 촉진하는 원동력이다. 의(疑)는 일과 이치에 모르는 것을 발견하여 알고자 하는 것으로서, 모든 일을 이루려 할 때 모르는 것을 알아내는 원동력이다. 성(誠)은 모든 일을 행함에 있어서 목적을 달성하게 하는 원동력이다. 진행사조는 정신개벽의 네 가지 원동력이라고 할 수 있다(정전, 50-51). 사연사조(捨捐四條)는 불신(不信), 탐욕(貪慾), 나(懶), 우(愚) 네 가지 요소로 구성된다. 불신(不信)은 모든 일에 믿음이 없어서 결정하지 못하는 것이고, 탐욕(貪慾)은 모든 일을 행함에 있어서 과하게 지나침이 있는 것이다. 나(懶)는 만사를 이루려 할 때 하기 싫어하는 것이며, 우(愚)는 대소·유무와 시비 이해를 전혀 알지 못하고 자기 멋대로 행동하는 것이다. 사연사조는 정신개벽을 위해 제거해야 할 요소다(정전, 51-52 참조).

3) 정신개벽을 통한 참 문명 세계의 확립

소태산은 과학과 기술 문명은 급속히 발전하는데, 도학 문명은 그에 미치지 못하고 있음을 안타까워했다. 도학 문명 없이 존재하는 과학 및 기술 문명은 인류를 파괴할 수 있다고 여겼다. 정신개벽의 궁극적 목표는 물질문명을 부정하거나 대립 관계로 파악하지 않고, 물질을 선용(善用)하여 물질문명을 바른 방향으로 선도하는 것이다(허석, 2018, 141 참조). 정신개벽은 물질문명과 도학 문명의 상호 상생의 조화와 균형 속에 인류문명을 '참 문명 세계'로 재탄생 시킨다.

소태산은 과학 문명과 도학 문명의 차이를 '과학 정신'과 '도학 정신'으로 설명한다. 과학 정신과 도학 정신은 근본적으로 하나지만, 기능에 있어서는 차이를 보인다. 과학 정신은 물질을 발명하고 제조하는 것으로서 물질개벽을 이끄는 분별적 정신의 차원이다. 반면에 도학 정신은 물질을 구하고 사용하는 정신으로서 분별적 정신의 주체가 되는 무분별적 정신이자 유무초월의 정신이다(허석, 2018, 154). 한마디로 과학 문명의 토대가 되는 것이 정신개벽으로서의 도학 정신이다.

원불교의 '정신개벽'은 타종교, 특히 그리스도교의 '신앙'과는 다른 특징을 지닌다. 그리스도교가 초월자(신)에 대한 '신앙'을 중심으로 하는 초월적·내세 지향적 종교라고 한다면[8], 원불교는 '도학 정신'을 기반으로 하는 현실적이고 실제적인 생활 종교의 특징을 지닌다. 더욱이 원불교가 내세우는 '정신개벽'은 과학 문명과 도학 문명이 상호 상생하는 영육쌍전의 일원적 세상을 추구한다. 두 문명은 도학적 정신이 주체가 되어 기술적 정신을 바르게 사용할 때 몸과 몸짓, 체(體)와 용(用)의 상생적(相生的)·일원적(一圓的) 관계를 갖게 된다. 그리고 도학과 과학이 병진할 때 '참 문명의 세계'가 실현된다(허석, 2018, 155 참조). 정신개벽의 목표는 이 땅에 도학 문명과 과학 문명이 조화된 '참 문명 세계'의 구현에 있다.

인류의 '참 문명 세계' 구축을 위한 원불교의 정신개벽은 독일의

---

8 물론 그리스도교에도 현세 지향적 신앙관이 있다. '하나님 나라'가 초월적 세계에서뿐 아니라, 현세에서도 실현 가능하다고 본다. 특히 개신교 종교 개혁가들에게서 나타난 '직업 소명설'은 내세가 아닌 현세 지향적 신앙관을 나타낸다.

실존철학자 칼 야스퍼스의 '차축시대'와 비교할만하다. 야스퍼스는 현대 과학·기술 문명이 가져온 부정적 영향에 대해 '신앙'에 기반한 제2의 차축시대가 새로운 길을 제시할 수 있다고 언급한다. 야스퍼스의 차축시대는 원불교의 정신개벽과 지향점이 유사하다. 차축시대와 정신개벽 모두 과학과 물질문명이 가져온 폐해를 '신앙'으로 극복할 수 있다고 본 것이다. 야스퍼스의 '신앙'이 '철학적 신앙'이라면 원불교의 '신앙'은 '종교적 신앙'이다. 야스퍼스의 '차축'이 '철학적 신앙'에 근거한다면, 원불교의 '개벽'은 사은사요의 신앙과 삼학팔조의 수행에 바탕한다. 다음은 야스퍼스의 차축시대를 통해 원불교 정신개벽의 의미를 고찰한다.

III. 야스퍼스의 차축시대와 정신개벽

1. 차축시대

야스퍼스는 저서 『역사의 기원과 목표』에서 '세계사의 차축'은 기원전 800년과 기원전 200년 사이에 정신적 과정에서 발생하였다고 기술하면서, 이 차축의 시기가 인류에게 가장 심오한 역사의 기점이 되었다고 소개한다. 오늘날 우리 인간은 바로 그때부터 살기 시작한 것으로, 야스퍼스는 이 시기를 가리켜 '차축의 시대'(die Achsenzeit)라고 부른다(야스퍼스, 1986, 21).

차축시대에는 비상한 것들이 응축되어 나타났다. 중국에서는 공자와 노자가 생존했었고, 여러 방향의 중국철학이 등장하였다. 묵자,

장자, 열자를 비롯한 수많은 사람이 철학을 하였다. 인도에서는 『우파니샤드』가 종교 세계를 지배하였으며, 붓다가 법륜을 설파하였다. 이란에서는 짜라투스트라가 등장하여 선악의 투쟁이라고 하는 세계상을 가르쳤고, 팔레스타인에서는 엘리아, 이사야, 예레미야 그리고 제2이사야에 이르기까지 수많은 예언자가 나타났다. 그리스에서도 시인 호머가 등장했고, 파르메니데스, 헤라클레이토스, 플라톤 등과 같은 철학자들이 출현했다. 야스퍼스는 이처럼 유명한 인물들이 몇 세기에 걸쳐 중국과 인도 그리고 서양에 동시에 각각 나타났다는 것에 주목했다(야스퍼스, 1986, 21-22). 그리고 이 시기를 '차축의 시대'라고 명명했다. 차축시대에 있어서 새로운 것은 중국, 인도 그리고 서양이라고 하는 서로 다른 세계의 인간들이 자기 자신을 '전체' 속에 있는 존재로 알게 되었다는 사실이다. 자기 자신을 참으로 인식했을 뿐 아니라, 자신의 한계도 알게 되었다. 인간은 세계의 공포성과 자신의 무력함을 경험하면서 극단적인 물음을 제기하게 되었고, 해방과 구원을 희구하게 되었다. 그리하여 인간은 최고의 목적을 설정하였고, 자기 존재의 깊이와 초월성의 확실함 속에서 무제약성을 경험하게 되었다(야스퍼스, 1986, 22).

차축시대의 도래와 함께 고대의 고도문화는 종식되었고, 그때부터 인류는 새로운 역사시대를 살게 되었다(야스퍼스, 1986, 29). 중국, 인도, 서양이라는 세 개의 세계는 서로 교통할 수 없는 먼 거리에 있음에도 불구하고 상호 공통되는 사실을 인식하고 있었다. 야스퍼스는 객관화할 수 있는 하나의 공통적인 진리는 아니지만, '본래적이고 무제약적인 진리'를 각자 발견했다고 주장한다(야스퍼스, 1986, 32).

야스퍼스는 인류의 모든 발전의 기준들은 차축시대의 역사관에서 유래하였다고 본다. 차축시대의 등장으로, 고대에 있었던 고도의 문화들은 그 형태를 상실하게 되었고, 고도문화를 이끌던 민족들은 사라지게 되었다. 선사시대의 민족들도 역사 이전의 것으로 남아 있거나 사멸하여 버렸다(야스퍼스, 1986, 100).9 차축시대는 그 밖에 모든 것을 동화시켰다. 차축시대부터 세계사는 오늘날에 이르기까지 유일한 구조와 통일성을 가지게 되었다(야스퍼스, 1986, 32). 기원전 800년에서부터 기원전 200년까지의 차축시대는 모든 인간을 위한 세계사의 차축으로 인류 보편사의 출발점이 되었다. 따라서 중국과 인도, 서양의 역사는 인류의 보편사가 될 수 있었고, 이들 세 나라는 모든 인간을 정신적으로 하나 되게 하였다(야스퍼스, 1986, 49). 한 마디로 차축시대는 인류를 '정신'으로 하나 되게 만든 시기였다.

야스퍼스는 일반적 견해에 따라 인류의 시대를 4기로 구분한다. 제1기는 선사시대로서 프로메테우스 시기다. 이 시기는 언어와 도구 그리고 불의 사용이 가능하게 되었다. 이 시기로 인해서 사람이 비로소 사람이 되었다. 제2기는 고대 고도문화의 등장으로 시작된 시기다. 제3기는 차축시대로, 사람은 이 시기에 정신적으로 참다운 사람이 되었다. 제4기는 과학적, 기술적 시대로 이 시기에 접어들면서 인간은 자기 자신을 경험하게 된다. 그러나 야스퍼스는 세계사의 네 단계 구분은 문제가 있다고 지적한다. 이 구분은 의미상으로 이질적인

---

9 일반적으로 인류의 시대를 4기로 구분한다. 제1기는 선사시대, 제2기는 고대 고도문화 시대, 제3기는 차축시대, 제4기는 과학적·기술시대다. 야스퍼스는 차축시대의 정신적 발현을 경험한 민족을 '역사 민족'이라고 하며, 정신적 발현을 경험하지 못한 민족을 '자연민족'이라고 부른다.

네 단계라는 것이다(야스퍼스, 1986, 55-56). 그리하여 야스퍼스는 인류의 역사를 다시 두 가지 수행방식으로 구분한다. 첫 번째 수행방식은 프로메테우스의 시대에서부터 고대 고도문화를 거쳐 차축시대와 그 이후까지로 '제1의 차축시대'에 해당된다. 두 번째 수행방식은 과학·기술적 시대로 참된 인간 생성의 새로운 시대인 '제2의 차축시대'다. 첫째 수행방식이 중국, 인도, 서양 등지에서 진행된 것이라면, 두 번째 수행방식은 과학과 기술로서 인류 전체에 해당된다(야스퍼스, 1986, 56-57). 이런 관점에 따라 야스퍼스는 인류 역사를 제1의 차축시대와 제2의 차축시대로 구분한다. 제1의 차축시대가 중국, 인도, 서양의 종교와 철학을 기반으로 하는 정신문명의 시대였다면, 제2의 차축시대는 서양을 중심으로 하는 과학·기술 문명의 시대다. 하지만 야스퍼스는 제2의 차축시대를 과학·기술 문명 시대로 규정하는 것은 문제가 있다고 지적한다. 그것은 제1의 차축시대가 동·서양을 아우르는 인류의 보편사를 형성했다면, 과학·기술 문명 시대는 유럽에 국한되어 인류의 보편사가 될 수 없기 때문이다. 따라서 야스퍼스는 제2의 차축시대는 아직 오지 않은 미래에 전개될 새로운 정신문명 시대가 될 것으로 전망한다. 그는 '철학적 신앙'에 기반한 정신문명을 제안한다. 야스퍼스에게 있어서 중요한 것은 정신문명과 과학·기술 문명의 상호공존이다. 그는 두 문명이 조화롭게 공존할 때 인류는 제2의 차축시대를 맞게 될 것이라고 본 것이다.

야스퍼스는 과학과 기술 문명이 제2의 차축시대로 불릴 수 없는 이유에 대해서 정신문명의 부재를 든다. 비록 1500년에서부터 1800년까지 형성된 과학·기술 문명 시대에 정신적 문명이 있었지만,

2500년 전 제1의 차축시대가 보여주었던 정신문명에 미치지 못한다는 것이다(야스퍼스, 1986, 133).[10] 과학기술문명 시대의 정신문명은 제1의 차축시대에 각 세계에서 볼 수 있었던 순수성과 명확성, 천진난만함과 신선미를 조금도 찾아볼 수 없다는 것이다. 야스퍼스는 모든 것이 강제적인 문화적 전승의 영향권 내에 밀착되어 있었고, 참다운 정신문명의 부재로 사사건건 그릇된 길로 빠져들었다고 비판한다(야스퍼스, 1986, 133). 야스퍼스가 말하는 과학·기술시대의 정신문명은 주로 인문학자나 예술가들에 의한 것으로서, 종교가 정신문명의 주축이 되어 전 인류에게 영향을 미쳤던 제1의 차축시대와 달리, 인류의 정신문명으로서 자리매김하기엔 한계가 있다고 본 것이다. 과학기술시대에 유럽인들이 가졌던 정신문명은 그늘에게는 교양의 기초였고, 직관과 통찰의 원천이었으나, 결코 인류 전반의 차축이나 세계를 포괄하는 규모의 차축은 아니라고 피력한다(야스퍼스, 1986, 134).

야스퍼스는 유럽인들이 정신적·영적으로 퇴행하면서 과학기술시대를 열게 되었다고 말한다. 중국과 인도가 정신적·영적 심연에 도달해 있을 때, 유럽인들은 정신적·영적으로 퇴행하면서 과학기술시대를 맞게 되었다는 것이다(야스퍼스, 1986, 134). 그렇지만 야스퍼스는 '과학과 기술'은 "참으로 새로운 것이며, 아시아적인 것과도 비교할 수 없을 뿐 아니라, 근본적으로 완전히 다른" 것이라고 역설한다. 현대의 유럽적 과학과 기술은 독자적이기까지 하다고 극찬한다

---

10 야스퍼스는 과학·기술문명 시대에는 미켈란젤로, 라파엘로, 다빈치, 셰익스피어, 렘브란트, 괴테, 스피노자, 칸트, 바흐, 모차르트 등 유럽의 예술가와 인문학자들이 정신문명의 중심에 있었으나 2500년 차축시대와는 비교된다고 말한다.

(야스퍼스, 1986, 139). 그러나 유럽에 집중된 과학·기술 문명을 인류 전체에 적용해 '현대는 제2의 차축시대'라고 말할 수 없다는 것이다. 야스퍼스는 제2의 차축시대인 아직 오지 않은 '새로운 차축시대'를 오직 미래에서 찾는다(야스퍼스, 1986, 163). 그것은 '(철학적) 신앙'에 기반한 차축시대다.

2. 차축시대와 정신개벽

야스퍼스가 인류문명을 '차축시대'로 명명하였다면, 소태산은 '개벽 시대'로 나타냈다. '개벽'은 구한말 '후천개벽'이라는 말로 자연 질서와 문명 질서의 근원적 전환의 의미로 사용되었다. 후천개벽은 우주적 시간을 선천(先天)과 후천(後天)으로 나누고, 현재를 기준으로 이전 시대를 '선천시대'로, 이후 시대를 '후천시대'로 구분하여 우주 및 인간사에 전면적으로 대변혁이 일어날 것을 예견하였다. 대변혁으로서 '개벽'은 자연 개벽을 넘어 문명개벽, 인간개벽의 의미로까지 확대·적용되었다(김도공, 2010, 95). 소태산에게 '개벽'은 도덕 문명으로서 '정신개벽'을 의미한다(박광수, 2010, 82). '개벽'은 '물질이 개벽 되니 정신을 개벽하자'는 원불교의 개교표어가 되었다. 야스퍼스의 '차축시대'와 소태산의 '개벽 시대'의 중심에는 종교가 있다. 그들은 종교에 기반한 정신문명을 통해 인류문명의 발전을 설명한다.

소태산이 개벽 시대에 제시한 '정신개벽'의 목표는 물질문명과 정신문명이 조화롭게 공존하는 참 문명 세상을 여는 것이다(김도공, 2010, 101). 이것은 야스퍼스가 기대한 '미래의 새로운 차축시대'의 모습이기도 하다. 야스퍼스는 과학·기술시대가 정신문명 시대와 병존하여 상생하길 희망한다. 소태산이 주목했던 부분도 '과학과 도학의 병진'이다(대종경선외록, 10, 도운개벽장 2절). 도학(道學)은 정신적 생활을 풍요롭게 하는 것으로서 정신문명을 의미한다. 과학은 의식주 등 인간의 육신 생활을 편리하고 윤택하게 해주는 물질문명을 가리킨다. 과학과 도학의 병진이란 물질문명과 정신문명의 병진이고, 물질개벽과 정신개벽의 조화를 의미한다. 원불교는 물질개벽과 정신개벽의 병진을 통해 참 문명 세계를 추구하고자 한다(박광수, 2010, 86 참조). 『정전』제1 총서 편 제1장 개교의 동기에서 소태산은 정신개벽과 물질개벽, 즉 도학과 과학이 병존해야 함을 분명히 한다.

소태산은 발달하는 과학 문명에 따라가지 못하는 인간의 정신을 우려하고 있다. 야스퍼스도 과학기술시대의 폐해를 구제할 정신문명의 필요성을 주장하며 제2의 차축시대를 기대한다. 소태산과 야스퍼스 모두 과학기술시대 및 산업 시대를 사는 인류에게 '정신과 물질의 조화'를 통해 인간이 인간다운 삶을 영위할 수 있는 참다운 문명 세계가 구축되길 희망한다. 야스퍼스는 인간이 물질의 노예 상태에서 해방될 수 있는 길을 '미래의 새로운 차축시대'인 '철학적 신앙'에서 찾았고, 소태산은 '정신개벽'에서 발견하였다. 앞서 살펴본바 소태산은 정신세력의 확장과 물질세력의 항복에 대한 구체적 길로 '진리적 종교의 신앙'과 '사실적 도덕의 훈련'을 제시하였다(정전, 21). 신앙과 수행, 정신과 물질은 상생(相生) 관계 속에서 인류문명의 개벽에 기여한다.

도학과 과학의 관계는 '영육쌍전'의 관계다. 소태산은 정신문명으로는 도학을 발전시키고, 물질문명으로는 과학을 발전시킬 때 영육이 쌍전하고 내외가 겸전할 수 있다고 역설한다. 그런 세상이 결함이 없는 세상이다(대종경, 131). 그런데 현대는 물질문명에만 치우치고 정신문명을 등한히 한다고 질타한다. 소태산은 물질문명과 정신문명이 나란히 발전할 때 온전한 평화의 세계가 실현될 것이라고 보았다(대종경, 132). 이점 또한 야스퍼스가 지적하던 바다. 그는 과학기술시대에 역행해 기능을 잃어버린 정신문명에 대해 경고하면서 새로운 차축시대를 요청한다. 야스퍼스는 제2의 차축시대를 주도할 정신문명은 동서양을 아우르는 것이어야 함을 역설한다. 과학기술문명이 유럽에서 발발하였고, 당시 정신문명 또한 유럽에 국한되어 있었다. 따라서 야스퍼스는 동서양에 기반한 '철학적 신앙'을 제2의 차축시대의 정신문명으로 제안한다. 소태산은 세계의 모든 종교의 근본 되는 원리를 하나로 보면서, 법신불 일원상진리를 통해 세계종교와 인류를 '하나의 가족'이자 '동포'로 품는다. 법신불 일원상진리에 바탕 한 정신개벽 또한 동서양을 넘어서 온 인류에 미치는 문명개벽의 원동력이 될 것을 염원한다.

야스퍼스가 제시한 '제2의 차축시대'와 소태산이 설파한 '정신개벽'은 과학기술시대를 사는 인류에게 '물질'로부터 빼앗긴 인간의 존엄성을 다시 찾아 줄 '생명 살림의 문명 세계'를 추구한다. 둘 다 물질시대를 사는 인류에게 현실 세계에서의 행복을 지향한다. 원불교가 생활 종교로서 지상에서의 '신낙원'(身樂園)에 중점을 두는 이유가 바로 이 때문이다. 철학자 야스퍼스도 인류 역사 안에서 종교와 (철학적) 신앙을 중요시한다. 21세기 제4차 산업혁명 시대에 기계와 물

질로부터 위협받고 있는 인류에게 '차축시대'와 '정신개벽'이 어떻게
기여하고 있는지 탐색할 필요가 있다.

IV. 제4차 산업혁명 시대에 있어서 '차축시대'와 '정신개벽'

1. 제4차 산업혁명 시대의 특징과 변화

제4차 산업혁명 시대의 특징이라고 한다면, 빅컴퓨팅, 빅휴먼,
인공지능, 사물인터넷 등과 같은 최첨단 컴퓨터 기술혁명이 우리 삶
의 일상에 공존하게 되었다는 것이다. 이로 인해 인간의 소외 현상은
가속화되었다. 야스퍼스와 소태산이 예견한 대로 과학문명과 정신
문명 간 균열은 인간 생명에 위기를 가져오게 되었다. 제4차 산업혁
명은 컴퓨터 기술이 발달한 결과라고 할 수 있다. '빅컴퓨팅'(Big
computing)이라는 기술 덕분에 지구촌은 하나의 서비스를 동시에
이용하게 되었다. 대표적 예가 유투브와 페이스북, 구글이다(용환승,
2017, 18). 사물인터넷은 사람과 사람뿐 아니라, 사람과 사물을 연결
하고, 나중에는 사물끼리 연결하면서 인간이 소외되는 위기에 직면
하게 되었다. 사물에 밀려난 인간은 설 곳이 없게 된 것이다.

'제4차 산업혁명의 이해'를 주제로 2016년 1월 20-23일까지 스
위스의 다보스에서 열린 '제46차 세계경제포럼 연차총회'에서 인류
는 과학기술의 발전으로 2020년까지 510만 개의 일자리가 사라질

수 있다는 보고서가 공개되었다. 인공지능 기술은 로봇, 자율주행차, 드론, 가상현실(VR) 등 미래 산업을 이끌 핵심 기술로 평가받지만, 인간의 일자리가 사라지고 로봇이 대신할 가능성이 높아진 것이다. 인공지능 기술로 촉발되는 기술혁명은 인간의 삶과 생계수단을 근본적으로 변화시키게 되지만, 노동자에게는 큰 재앙이 될 것이라고 경고한다(김상민, 2017). 인공지능 기계로 인간은 일자리를 빼앗기게 되고, 인간의 삶은 위협받게 된다는 것이다. 과학과 기술이 낳은 어두운 그늘이다.

빅컴퓨팅 기술과 제4차 산업혁명 결과로 '빅휴먼'(Big Human)도 출현한다. 빅휴먼이란 전지전능에 가까운 인간을 의미한다. 곧 신 같은 능력을 가진 슈퍼맨이다. 이 슈퍼맨은 상상 속의 천리안을 가져 세계 곳곳에서 일어나는 일을 실시간으로 본다. 인간은 글로벌 서비스에 접속해서 전지전능한 빅 컴퓨터를 활용해 세계를 정복하는 꿈을 꿀 수 있게 된다. 빅휴먼이 널리 퍼지면 자신이 '신'이라고 착각하는 이가 많이 나타날 수 있다(용환승, 2017, 21 참조). 4차 산업혁명의 특징 중 하나는 인공지능의 등장이다. 즉 막대한 정보를 분석하고 처리하는 인공지능을 가진 초지능 사물의 등장이다. 기업에서 대용량의 데이터를 연계하고 분석하기 위해 인공지능(AI)을 도입한다(윤승태, 2018, 607). 인공지능은 컴퓨터와 소프트웨어로 인간처럼 학습하며 사고하도록 지능을 구현하기 위한 기술이다(구본권, 2017, 28). 이처럼 4차 산업혁명으로 인간은 편리한 삶을 누리게 되었지만, 미래로 갈수록 빅컴퓨팅, 빅휴먼, 인공지능, 사물인터넷은 인간의 자리를 대체하게 되고, 마침내 인간이 필요 없는 인간소외 현상으로 이어지게 될 것이다. 4차 산업혁명 시대에는 고용의 본질도 뒤바꿔 놓아, 모든 산업 분야와 직종에 상관없이 고용에 대한 위기도 초래할 것으로 예측된다(박가열, 2016, 67 참조).

4차 산업혁명 시대에는 국가 또는 사회, 개인 간에 더욱더 심각한 불균형과 양극화가 일어날 것이다. 지난 200여 년간 산업혁명 시대를 거치면서 보여준 국가·기업·개인 간의 경제적 불평등이 그 예다. 이것은 사회적 양극화로 이어졌다. 4차 산업혁명 시대에는 과학기술의 발전을 이루지 못하는 국가나 사회나 개인은 심각한 불평등을 감수하게 될 것이다. 불평등과 양극화로 인해 사회는 내부의 갈등과 분열을 일으키게 되고, 사회불안을 초래할 것이다(윤승태, 2018, 610). 결국, 제4차 산업혁명의 기술혁신으로 인간은 기계와 물질에 밀려 소외되는 현실이 나타나게 된다. 인류는 과학과 기술 문명이 일으킨 부작용으로 생명 상실의 위기에 노출된다.

4차 산업혁명 시대에는 인간의 외적, 내적 삶의 모든 영역에 걸친 혁명적 변화를 일컫는 말로 '포스트 휴머니즘'이라는 용어를 쓰게 되었다. 포스트 휴머니즘은 일차적으로는 정보혁명으로 시작한 변화를 포함하지만, 생명공학기술에서 비롯한 변화도 중요한 요인으로 작동한다. '휴머니즘'의 농경과 산업화 시대에 토대를 둔 인간 이해를 넘어, 4차 산업혁명 시대에는 포스트 휴머니즘(post-human-ism)이라는 새로운 인간 이해가 등장하게 되었다. 포스트 휴머니즘은 인간을 중심으로 역사를 보지 않는다. 인간이 우주의 중심이라는 세계관은 쇠퇴하고 종말을 고한다. 포스트 휴머니즘은 기계와 인간이 절대적으로 다르다는 특권 인식을 뒤로하고 인간과 기계의 공존을 모색한다. 인간이 처음부터 부분적으로 기계인 것이다(신승환, 2017, 39). 터미네이터나 사이보그 같은 인간이 공존하는 포스트 휴머니즘 시대에 종교는 어떤 역할을 해야 하는지 묻게 된다.

2. 정신개벽과 제2의 차축시대

위에서 살펴보았듯이 제4차 산업혁명 시대에 과학기술의 발달은 우리의 일상을 바꿔놓았다. 알파고를 비롯한 인공지능은 인간의 지능을 능가하고 있다. 이로 인해 인류는 위기를 맞게 되었다(슈밥, 2016, 135-136 참조). 많은 사람이 일자리를 잃게 되었고, 선진국과 신흥국 간의 심각한 부의 불균형과 사회 양극화가 양산되었다. 제4차 산업혁명 시대의 과학기술이 가져올 인류 위기에 대해 불안과 기대가 교차하고 있다(윤승태, 2018, 613-614). 제4차 산업혁명 시대에 종교에 주어진 과제는 위기의 시대를 사는 현대인들에게 안식과 평안을 제공하는 것이다. 과학과 기술 문명의 변화 속도에 맞춰 종교가 얼마나 빨리 해결방안을 제시할 수 있느냐 하는 문제가 대두된다(정원희, 2017).

제4차 산업혁명 시대에 과학기술이 초래할 위험에 대해서 야스퍼스는 이미 예측한 바 있다. 그는 현대 과학과 기술 문명이 가져올 인류의 위기를 극복할 수 있는 길은 정신문명이 중심이 되는 제2의 차축시대라고 역설한다. 과학과 기술 문명을 계몽할 제2의 정신문명이 도래하길 기대한다. 야스퍼스는 기술이 인간의 일상적인 생활과 환경 세계를 변혁시키고, 노동방식과 사회를 새로운 궤도에 올려놓았지만, 부정적 영향도 간과할 수 없다고 언급한다. 즉 현대의 대량 생산방식과 기계화가 전 지구를 하나의 공장으로 변화시켰다는 것이다. 이로써 인간은 자기 기반을 상실하게 되었고, 지금도 여전히 상실하고 있다고 지적한다. 정신 역시도 학습능력에 불과하게 되었고, 사용할 수 있는 기능의 훈련에 불과하게 되었다고 토로한다(야스퍼스, 1986, 166). 기술 문명이 낳은 부정적 결과인 것이다.

야스퍼스는 기술은 목적이 아닌 수단이므로, 기술을 통해 인간을 빈곤과 위협, 속박으로부터 해방시켜야 한다고 주장한다. 이 견해는 소태산의 물질개벽에서 보여준 '물질'에 대한 입장과 동일하다. 앞서 언급했듯이, 소태산에게 '물질'은 직업과 신분이 낮은 소외계층의 권리를 회복시켜주는 수단으로 직동한다. 소태산은 소외된 사회계층의 자유와 평등을 되찾아 주는 수단으로서 '물질'의 필요성을 제시한다. 그는 수단으로서 '물질개벽'을 주창하였고, 물질개벽의 원리로 '정신개벽'을 설파하였다. 소태산은 물질이 목적으로서 작용될 때 오는 위험성에 대해 경고하였다. 물질이 신적 존재로 등극할 때 물질은 신처럼 자신의 전능을 마치 최고 원리의 전능인 것처럼 신뢰하게 만든다는 것이다(짐멜, 2014, 77). 소태산과 야스퍼스 모두 인간에게 기술이 필요한 것은 분명하지만, 기술만을 신뢰할 때 거기에는 '인간의 존엄성'이 무너지게 된다고 경고한다. 따라서 소태산과 야스퍼스, 둘 다 과학과 기술 문명 시대에 상실된 인간성 회복을 위해 '정신문명'이 필요함을 역설한다. 소태산은 정신개벽을 통해 정신문명을 세우려 했고, 야스퍼스는 철학적 신앙을 통해 제2의 차축시대를 구축하려 했다. 즉 '신앙'을 통한 정신문명만이 제4차 산업혁명 시대가 가져올 인간소외의 폐해를 막을 수 있다고 본 것이다.

야스퍼스의 '차축'과 소태산의 '개벽'은 기술시대를 지도할 생명 살림의 원리로 기여할 수 있을 것이다. 야스퍼스는 과학·기술 문명이 유럽에서 시작되었으나, '정신문명'이 뒷받침되지 않아 과학·기술 문명이 부작용을 낳게 되었다고 밝히면서, 동서양을 아우를 제2의 차축시대가 와야 한다고 역설한다. 그것은 '신앙'을 기반으로 하는 정신문명이어야 한다는 것이다. "신앙 없이는 인간 존재의 원천에서 나오는 지도가 불가능하며 사유된 것과 상념된 것, 상상된 것, 교리들, 이에 따라서 폭력과 혼란 그리고 파멸의 운명에 처하고 말게 된다"며 경고한다(야스퍼스, 1986, 348).

마르크스가 비판한 대로 야스퍼스 또한 기술의 역기능에 대해 우려하였다. 기술은 인간의 노동방식을 바꿔놓으면서 인간소외라는 부정적 결과를 낳게 되었다는 것이다. 대량생산 방식이나 사회생활의 기술적 기계화에 따라 지구는 하나의 공장이 되었고, 그와 동시에 인간은 각자의 생활 기반으로부터 유리되기 시작하였다. 인간은 전통과의 관계를 잃어버리고, 고향 없는 지상의 주인이 되었다. 자기 자신에 대한 심각한 불만과 자기 망각적인 자기 방치가 만연하게 되었다. 인간은 자신을 비인격화하며 기계의 톱니바퀴가 되어서 몰개성적이고 생각 없는 생활에 몰두하게 되었다(야스퍼스, 2009, 567). 노동은 기계에 더욱 의존하게 되었고, 인간은 기계의 부분이 되어 버렸다. 거의 모든 노동자는 기계의 부품으로 취급되고, 스스로 개성을 잃어 가며 대중의 일원이 되었다(야스퍼스, 2009, 568). 이러한 야스퍼스의 기술 문명의 역기능에 대한 비판은 오늘날 제4차 산업혁명 시대가 직면한 기술 문명의 폐해와 동일하다.

야스퍼스는 이처럼 현대는 과학의 시대이자 기술의 시대이지만, 차축의 시대와 같은 정신적 창조의 시대는 아니라고 역설한다. 현대 기술의 시대는 오히려 과거의 선사시대 혹은 도구나 무기의 발명시대와 같다고 말한다. 그것은 기술의 발전과 모순되게 역행하는 정신의 하강과 멸절 때문이다. 따라서 야스퍼스는 정신적 재생을 미래에서 찾길 바란다(야스퍼스, 2009, 569). 야스퍼스가 발견한 미래의 답은 '신앙'이다. 과학과 기술 문명을 사회주의와 세계 질서의 기초로 삼는 것으로는 절대 충분하지 않다고 말한다. 그것은 과학과 기술 문명은 선으로도 악으로도 이용될 수 있기 때문이다. 인간이 과학과 기술을 선하게 사용하기 위해서는 '신앙'이라는 근원에 서서 살아가야 한다고 주장한다. 야스퍼스에게 신앙은 어떤 특정한 내용과 교의가 아니다. 신앙이란 인간을 그 근원에서 충족시키고 움직이는 것이다. 신에 대한 신앙, 인간을 통해서만 나타난 신의 표상은 모두 신 자체가 아니다. 신성은 근원이요 목표이자 안정이다(야스퍼스, 2009, 587). 야스퍼스가 신앙이라 부르는 것은 종교와 무신성(無神性) 사이의 철학으로서 주장한 '철학적 신앙'이다. 철학적인 생활 방식이란 특정한 종교나 과학적 지식을 절대시하지 않으며, 인간의 마음을 언제나 수 없는 가능성을 향해 열고, 그 안에서 끊임없이 진리를 추구하는 생활 태도이다. 야스퍼스에게 신앙적 삶과 이성적 삶은 모순되고 대립된 것이 아니다(야스퍼스, 2009, 588).

원불교의 정신개벽도 '진리는 하나 세계도 하나, 인류는 한 가족, 세상은 한 일터'라는 표어를 전제로 시작된 '도덕적·정신적 개벽'이다. 원불교의 사은사요 신앙과 삼학팔조 수행은 정신개벽의 원리들로서 교리라기보다는 삶의 현장에서 실천해야 할 강령들이다. 그래서 소태산은 일원종지와 사은사요 삼학팔조는 온 천하 사람이 다 알고 실행할 수 있는 진리(道)라고 선언한다(원불교 전서, 112). 정신개벽은 '진리적 종교의 신앙'과 '사실적 도덕의 훈련'을 통해 과학·기술 문명 시대를 선도(善導)하자는 도학 문명이다. 따라서 서양의 철학자 야스퍼스가 '철학적 신앙'을 기반으로 제시한 제2의 차축의 시대는 원불교의 '정신개벽'으로부터 시작되었다고도 볼 수 있다. 다만, 원불교가 내세운 '상생의 원리로서 사은신앙'과 '사회개혁의 원리로서 사요신앙'이 인간/인류의 '상호관계'에 초점을 맞췄다면, 야스퍼스의 '철학적 신앙'에 바탕 한 제2의 차축시대는 도덕적, 윤리적, 철학적 원리들에 방점을 둔다는 점에서 차이를 보인다. 그러나 물질주의의 병폐를 극복하고 인간의 존엄성을 회복하고자 하는 목표는 같은 입장이라고 할 수 있겠다. 야스퍼스가 주장했듯이, 동서양을 아우르는 정신문명의 발원(發源)이 원불교의 정신개벽을 통해서도 가능한 것이다. 산업혁명 시대와 자본주의 시대에 인간의 생명을 지켜줄 제2의 차축시대와 정신개벽을 기대해 볼 만하다.

V. 나가는 말

한국 원불교의 교조 소태산(1891-1943)과 독일 실존주의 철학자 칼 야스퍼스(1883-1969)는 동양과 서양이라는 상이한 두 대륙에서 제2차 산업혁명 시대의 명암을 경험하며 살았던 종교인과 철학자다. 그들은 제2차 산업혁명을 통해 급속히 발전한 과학과 기술 문명을 마주하며 정신문명 없는 기술 문명이 얼마나 위험한 것인지 인식하게 되었다. 독일의 야스퍼스는 종교와 철학으로 형성된 인류 문명의 최고의 전성기를 '차축의 시대'라 일컬으며, '정신문명'이 인류에게 가져온 공헌에 대해 집중하였다. 인류 보편사의 시작을 '차축시대'로 삼은 것이다. 차축시대 이후에 등장한 유럽의 과학·기술 문명은 유럽이라는 공간의 제약성 때문에 '제2의 차축시대'라고 불릴 만큼 인류에게 보편적 역사가 될 수 없음을 역설하였다. 오히려 유럽의 퇴락한 정신문명으로 인해 과학과 기술 문명이 인류에게 부정적 영향을 미치게 되었다고 지적한다. 따라서 인류는 다시 한번 기술 문명으로부터 그들의 생명을 지켜 줄 정신문명을 기대하게 되었다. 야스퍼스는 '철학적 신앙' 혹은 '이성적 신앙'을 통해 제2의 차축시대를 주도할 정신문명을 재건하고자 하였다. 인간 존재가 돌아갈 원천이 '신앙'이라고 본 것이다(야스퍼스, 1986, 347-348 참조).

한국의 소태산 역시 기술 문명이 가져온 폐해를 인식하며 정신문명을 통해 기술 문명의 역기능을 순기능으로 변혁시키고자 하였다. 구한말 시대 한반도까지 밀려온 과학과 기술 문명을 마주하며 인류가 직면할 불행을 예견하게 되었다. 그러나 소태산은 과학과 기술 문명에 의해 형성될 '물질문명'이 인류에게 '해'(害)가 아닌 '득'(得)이 될 수 있음을 감지하였다. 그는 물질개벽 시대를 맞아 물질의 소유를 통해 신분이 낮은 소외계층과 민초들에게는 인간의 권리를 회복할 절호의 기회라고 생각하였다.

소태산에게 '물질개벽'은 두 가지의 의미를 담고 있다. 하나는 세상이 과학과 기술 문명의 등장으로 '문명이 개벽'하게 되었다는 것이다. 다른 하나는 과학과 기술에 의한 '문명개벽'을 기회 삼아 '인간개벽'을 이루자는 것이다. 한 마디로 소태산에게 '물질개벽'은 '문명개벽'과 '인간개벽'이라는 두 영역의 대변혁을 의미한다. 따라서 물질개벽은 결코 부정적이지 않다. 억압과 착취, 가난과 무지함 속에서 눌려왔던 왔던 민중들에게 '물질'은 인간해방의 수단이다. '물질'을 소유함으로 신분이 상승할 수 있고, 인간의 자유와 평등을 회복할 수 있게 된다. 수단으로서의 '물질'은 인간 생명을 지키고 살리는 역할을 하게 된다. 다만 '물질'이 목적이 될 때 인간의 존엄성과 가치를 추락시키고, 공동체를 파괴하는 '문명 폭탄'이 된다. 소태산은 물질개벽이 문명 폭탄이 되지 않기 위해 정신개벽을 제안한다. 인류는 법신불 일원상 진리에 근거해 사은사요의 신앙과 삼학팔조의 수행을 통해 물질문명, 기술 문명의 역기능을 차단할 수 있다고 보았다. 정신개벽이야말로 물질만능주의로부터 인간의 존엄성과 생명을 지켜낼 '생명 원리'라고 본 것이다.

21세기 제4차 산업혁명과 함께 인류는 또 한 번 과학과 기술 문명 시대, 물질개벽의 시대를 맞게 되었다. 야스퍼스도 소태산도 정신문명이 결여한 기술 문명과 물질개벽은 인간의 생명을 파괴하는 무익한 문명이라고 강조한다. 서양의 야스퍼스와 동양의 소태산이 서로 만난 적은 없지만, 제2차 산업혁명 시대를 살면서 '기술'과 '물질'이 인류에게 순기능으로 작동하기 위해 정신문명이 필요함을 일찍이 간파하였다. 야스퍼스의 '차축시대'와 소태산의 '정신개벽'이 그에 대한 해결책인 것이다. 차축과 개벽의 중심에는 '신앙'이 자리 잡고 있다. 야스퍼스도 소태산도 신앙에 근거한 정신문명이란, 그리스도교에서 말하는 '신앙', 즉 초월적 존재에 대한 '신앙'이 아닌, 이성적·철학적 신앙(야스퍼스) 그리고 도덕적·수행적 신앙(소태산)에 기초한 정신문명을 의미한다. 생활과 현실에 뿌리를 둔 신앙으로, 인류 보편사로서 인식되는 신앙이다.

21세기는 과학·기술 문명을 중심으로 하는 산업혁명의 시대라고 한다. 인공지능, 빅컴퓨터, 사물인터넷, 블록체인 등 수많은 과학적·기술적 기계들이 인간의 편리를 위해 대량생산되었다. 지금은 기계에게 감사할지 모르지만, 머지않아 인류는 기계에게 조정 당하고 억압되고 소외되는 날을 맞게 될 것이다. 소태산과 야스퍼스는 과학과 기술 문명이 생산한 기계로부터 인간의 권리와 생명을 지키고자했다. 야스퍼스가 강조하였듯이 이제 인간은 원천으로 돌아가야 한다. 기계가 아닌 신앙에서 인간의 안녕과 행복을 찾아야 한다. 정신이 개벽 될 때, 제2의 차축시대가 도래할 때 인간은 물질로부터 지배당하지 않게 된다. 물질과 정신은 이원적 대립 관계가 아닌 일원적 상생 관계로 인류에 기여해야 할 것이다. 이를 위해 인류는 신앙으로 훈련되고 교육되어야 한다. 이것이 소태산이 말한 '정신개벽'이다.

돈과 재물에 대한 경전적 해석
— 신약성서와 화엄경을 중심으로

권
진
관
—
전
성
공
회
대
학
교

I. 서론

1. 연구의 목적

한국의 대표적인 종교는 그리스도교(개신교와 가톨릭을 지칭함)와 불교이다. 물론 유교가 중요한 위치에 있지만 유교는 종교라기보다는 일종의 철학적 가르침이다. 불교가 철학적 가르침의 요소가 많이 있기는 하지만, 종교로서의 초자연적이고 초월적인 이야기들, 상징언어들, 신화들이 다수 존재할 뿐 아니라, 다양한 종단이 있고, 이들이 행하는 예배의식이 있으며 예배의 대상이 되는 부처가 존재하므로 전형적인 종교이다. 그리스도교도 종단과 종파, 교단이 존재하고, 예배의식과 예배의 대상, 그리고 초자연적, 초월적 세계를 보여주는 신화, 상징적 언어, 이야기가 풍족하게 존재하고 있다는 점에서 종교임에 틀림없다.

이 두 종교는 한국의 가장 크고 대표적인 현실 종교이다. 각각 인구의 4분의 1을 차지하므로 한국의 인구의 과반수를 차지한다. 그리스도교와 불교의 사상과 가르침이 한국인들의 마음과 정신에 끼치는 영향은 실로 막대하다. 다른 한편, 돈은 인간의 마음과 정신을 움직이는 힘을 크게 가지고 있다. 따라서 그리스도교 성서는 돈(맘몬)을 섬기느냐 하나님을 섬기느냐를 선택하라고 요구하고 있다. 불교의 중심된 가르침도 돈과 관계되어 있다. 즉 재물에 집착하지 말아야 하며, 심지어 보시를 해야 하지만 보시 그 자체를 집착해서는 안 된다고 하며, 이것을 空 사상으로 풀이한다. 돈이나 재물은 인간의 마음을 움직이는 힘을 가지고 있다. 인간의 마음과 신앙을 바로 잡는 것을 필수적인 과제로 삼는 이들 종교들은 최대 경쟁자인 돈에 대해서 일정한 입장을 가지고 있다.

돈이 종교와 대적하여 인간의 마음을 빼앗고, 인간들을 좌우하기 때문에 종교와 돈은 인간의 정신을 놓고 대적하고 갈등한다. 또한 종교가 제도화되는 과정에서 재물이 필요하게 되면서 동반의 관계에도 있게 된다. 제도 종교가 돈의 영향권으로부터 벗어나기 어렵다. 그리스도교나 불교 일부 안에 퍼져 있는 소위 "번영의 복음"(gospel of prosperity)은 이를 잘 말해 준다. 사찰과 교회 안에서 터지는 타락과 비리와 분쟁은 재물과 관련된 것이 대부분이다. 인간이 돈 없이 살 수 없듯이, 종교도 돈 없이 존재할 수 없다. 대체로 보면, 종교가 재물을 가지게 되면 타락한다. 그래서 종교 안에서도 그것을 대처할 수 있는 법, 윤리를 개발하였다. 그리스도교에는 청지기 사상이 있고, 불교에서는 보시에 관한 가르침이 있다. 돈 없이 현실 속에서 존재하기 어렵기 때문에 돈을 멀리하기 힘든 기성 제도 종교는 이러한 정신적 지침이나 경고를 마련하지 않을 수 없다. 이러한 지침을 마련하기 위해서라도 우리는 그리스도교와 불교의 경전들이 돈을 어떻게 보았고 어떻게 가르쳤느냐를 살펴야 한다. 그러므로 이 연구는 돈이나 재물의 본성을 종교들이 어떻게 파악했는가를 살펴보는 것을 목적으로 한다.

2. 비교를 위한 문헌의 선택

그리스도교와 불교는 모두 경전들을 풍부하게 가지고 있다. 불교의 경우는 방대한 경전을 가지고 있다. 이 방대하고 다양한 경전들 앞에서 이 연구자는 능력의 한계를 절실히 느낀다. 연구자의 한계로 인해 그중 하나만을 선택하여 연구하기로 하였다. 그리하여 대승불교의 대표적인 경전인 화엄경을 선택하였다. 화엄경은 그 내용이 복잡하고 깊이가 있다. 또 다른 대표적인 대승 경전인 금강경에 비해서 훨씬 길다. 대승불교의 진면목을 잘 보여준 문헌인 화엄경은 불교의 가르침의 깊이와 오묘함을 잘 드러내 주고 있다. 다른 한편, 그리스도교는 유대교의 히브리 경전(구약성서)을 경전으로 받아들이는 종교이지만, 그리스도교의 진면목은 신약성서, 특히 복음서와 바울 서

신에 나타나 있다. 그렇기 때문에 이 연구에서 그리스도교의 경전으로는 복음서와 바울 서신의 일부를 선택하여 분석하고자 한다.

종교와 돈의 관계를 논구하는 이 연구에서 돈은 단순히 교환의 수단으로서의 종이돈(cash)이나 저장의 수단으로서의 예금의 잔액(account balance)을 가리키는 것이 아니라, 다른 의미를 가리킨다. 즉, 여기에서의 돈은 어떤 힘을 가진 존재를 가리킨다. 그래서 복음서에서는 이것을 맘몬이라고 부르기도 한다. 이것은 더 가지고자 욕망하게 하는 유혹자이다. 자크 엘룰은『하나님이냐 돈이냐』에서 돈은 유혹자이지 그 자체로 악은 아니지만, 선을 행하는 것을 가로막는다고 보았다(엘룰, 132). 그러므로 악이 될 가능성이 많다는 말이다. 신약성서에서 예수는 돈을 맘몬(mammon)이라고 부르면서, 사람은 하나님과 맘몬을 함께 주인으로 섬길 수 없다고 했다. 구약성서에서는 맘몬이라는 단어가 한 번도 쓰인 적이 없다. 맘몬은 아람어와 히브리어로 표기되어 이스라엘과 주변 지역에서 통용되었고, 특히 예수 시대에 쓰였던 것으로 보인다. 그리스어로 맘모나(mammona)로 표기되는 이것은 돈을 뜻하며, 재물이라는 뜻도 갖고 있다. 그러나 중세에 들어서 맘몬을 인격적인 존재로 보고, 지옥의 일곱 마귀 중 하나로 불렸다. 존 밀턴(John Milton)은 그의 저서『실낙원』에서 맘몬을 타락한 천사라고 했다. 맘몬이라는 말의 진정한 의미는 부(wealth)를 의미한다. 돈 자체는 악이 아닌데 그것이 부, 부요함이 되면 악의 씨앗이 된다. 이러한 의미의 맘몬은 부를 사랑하게 하는, 끄는 힘을 갖고 있다. 성서는 맘몬은 부로 보았고, 더 나아가서는 돈에 대한 사랑의 화신, 욕심의 화신으로 그린다. 맘몬을 따르는 것을 세상을 사랑하는 것과 동류로 보았다(야고보서 4:4).

3. 돈과 관련된 현상들

인간 본성 깊은 곳에 돈과 재물에 대한 욕망이 있다. 더 많이 가지려고 하는 욕망은 인간의 유전자 속에 전해져 내려오는 듯하다. 5천만 불을 가진 사람이 1천만 불을 실수로 잃었을 때 패닉에 빠지고 절망한다고 한다. 남들은 상상할 수도 없는 4천만 불을 손에 쥐고 있음에도 불구하고. 로또에 당첨된 사람들 중에 많은 사람들이 당첨 이전의 삶보다 더 심한 불행에 빠진다. 사람들은 조금의 손실로 불행해한다. 자기가 가진 것에 비해서 손실이 차지하는 비중이 매우 작은데도 엄청난 비탄에 빠진다. 얼마 전 경제적인 중상층계급에 속하는 한 의사 부부의 가족이 모두 죽었다. 병원을 수리하는 데에 일시적인 비용이 많이 들었다는 것이 이유인데, 그 정도면 얼마든지 회복할 수 있는 수준의 고통이었지 자살할 수준은 아니었다. 이런 참사가 왜 계속 일어나는 것인가?

최근 코로나 바이러스 유행병의 팬데믹(pandemic, 세계적 대유행) 사태로 증시가 폭락 장세인데 2030 세대에게는 절호의 기회라고 한다. 실제로 젊은이들이 증시가 저점을 통과할 때 사두면, 나중에 목돈이 된다고 보고 뛰어들고 있다. 젊은 세대가 가상화폐에 투자했다가 크게 실패했다는 이야기가 들린다. 이들이 열광하고 몰두하는 것이 바로 돈의 세계이다. 부동산은 너무나 뛰어서 가진 자들의 돈 버는 루트가 되었다. 여기에서 소외된 2030이 마지막 기회를 잡으려고 증시에 몰리고 있다. 돈에 웃고 울고, 희망하고 절망하고 하는 모습은 예나 지금이나 마찬가지이다.

왜 사람들은 돈에 대해 이처럼 집착을 할까? 그것은 돈이 그만큼 유용하기 때문이다. 돈이 있으면 삶의 대부분의 부분에서 안심할 수 있기 때문이다. 물론 돈이 많이 있다고 해서 삶의 모든 부분에서 안심되는 것은 아니다. 천문학적으로 돈을 가진 사람도 병에 걸리면 어쩔 수 없다. 돈으로 사는 의술의 도움도 한계가 있다. 인간은 질병과 수명에서 평등하다. 질병은 누구에게나 온다. 돈으로 수명을 늘릴 수 없다. 부자도 죽고, 빈자도 죽는다. 통계적으로 보면 부자가 빈자보다 좀 더 오래 산다. 그러나 그것도 큰 차이는 없다.

그럼에도 돈은 축적의 수단이요, 교환의 수단이며, 가치의 척도이다. 돈으로 모든 가치를 매기며, 돈이 있으면 필요한 것을 살 수 있고, 돈이 많으면 든든해진다. 삶의 대부분의 문제를 해결해 줄 수 있는 돈에 사람들이 집착할 수밖에 없는 것이 사실이다. 돈만큼 현실 세상 속에서 유용하게 필요를 채워줄 수 있는 것이 없기 때문이다. 사람들이 돈에 이끌려서 이리 밀리고 저리 밀리고 있다. 돈이 힘을 가진 까닭이다. 사람들은 이 돈에 의해서 조종되고 있다. 그렇다면 돈이 스스로 의식이 있어서 생각하고 판단하는 존재란 말인가? 시장(market)은 이런 의식이 있는 것처럼 보이고, 세상을 호령하고 있는 것처럼 보인다. 여기에서 시장은 마치 신과 같은 존재가 된다(콕스, 2018). 정부 당국자들은 경제, 재정, 부동산, 교육, 의료 등에 관한 정책을 펼 때 시장의 반응을 중시할 뿐 아니라, 시장의 명령을 따른다. 돈과 자본은 시장의 눈치를 본다. 시장의 원리에 순응하지 않으면 돈과 자본이 불어나지 않기 때문이다. 시장과 돈과의 관련성은 다음의 공식에서 잘 설명된다. M-C-M'. 이것을 풀어보면, 돈(M)—상품(C)—더 많은 돈(M')이다. 돈은 상품의 형태로 시장에서 참여한다. 그리고 그것이 이득을 내서 더 많은 돈을 벌리게 한다. 돈이 벌리면서 대자본이 된다. 자본이 상품을 만들어 낼 수 있다. 그리고 자본이 자본을 늘리는 일은 시장을 통해서 이루어진다. 금융시장이라는 것은 돈이 그 자체로 상품화되어 더 큰 돈을 버는 시장을 말한다. 이처럼 시장이 공적인 힘을 가진다면 돈의 한 형태인 자본은 다수를 상대하는 자금이 된다. 개인의 차원에서는 돈은 현금의 형태로 힘을 발휘한다. 돈이 맘몬이 될 수 있는 것은 이처럼 개인에게나 다수에게 영향을 주기 때문이다. 돈의 힘을 강화시키는 기제(system)가 시장이다. 시장이 신처럼 군림한다면, 맘몬과 자본은 신의 전령이 된다.

사람들은 천사를 보고 싶어 하듯이 돈을 욕망한다. 천사가 소원을 들어주듯이 돈도 우리의 소원을 들어준다. 돈에 대한 욕망은 다른 욕망을 불러일으킨다. 특히 돈을 가지면 섹스를 더 많이 소유할 수 있다. 올 초부터 기승을 부리고 있는 코로나바이러스의 팬데믹 사태도 돈과 관련되어 있다. 팬데믹이 한국 경제뿐만 아니라 세계 경제를 후퇴(Recession)시키고 있다. 한국을 비롯하여 각국이 마이너스 성장하게 될 것이다. 이것은 제2차 세계대전 급의 사태라고 할 정도의 위력을 가졌다고 한다. 팬데믹은 전세계의 생명을 담보로 시장을 요동시키고 있다. 그리고 시장은 팬데믹을 통해서 세계를 무너뜨리고 재편하고 있다. 세계 최강의 제국 미국이나 중국도 그 앞에서 무릎을 꿇고 있다. 코로나 바이러스 사태는 오래가지는 않을 것이고 팬데믹

의 영향력도 사라질 것이다. 그러나 시장은 늘 함께 있고, 그 영향력
은 영구적이며, 돈의 힘은 결코 약해지거나 사라지지 않는다.

인간의 마음이 왜 돈을 향하는가? 돈의 축적을 열망하는 이유는
어디에 있는가? 그저 돈이 좋아서인가? 그것은 너무 일반적인 대답일
뿐이다. 인간의 마음 근저에 불안이 있어서가 아닌가? 사람들은 앞날
을 걱정한다. "내일 일을 걱정하지 말아라. 내일 걱정은 내일이 맡아
서 할 것이다. 한 날의 괴로움은 그 날로 족하다"(마태복음 6:34)는 예
수의 말씀도 이러한 인간의 불안에 대한 경종이라고 하겠다. 부처도
인간의 번뇌(불안, 얽매임, 탐진치, 三毒)가 고통을 낳는다고 했다. 불안
이 고통의 원인이 된다.

사람들은 미래의 재정적인 어려움을 미리 걱정해서 돈을 더 가
지려 하고 모으려고 한다. 왜 인간 안에 불안이 존재하며, 이 불안은
꺼질 줄 모르며, 이 불안이 욕망을 잉태하게 되는가? 그리고 이것에
대해서 종교는 대답을 주는가? 그 대답은 무엇인가? 이런 질문들과
연관된 질문으로 부의 불평등의 문제가 있다. 종교는 부의 불평등의
현실에 대해서 대답을 주는가? 부의 불평등이 돈에 대한 욕망을 더
많이 일으킨다. 이런 질문들에 대해서 다 대답할 수는 없을 것이며,
다만 돈에 대한 욕망이 어디에서 오는지에 대한 논구를 화엄경을 살
펴보면서 시작하려고 한다.

II. 화엄경에 나타난 대승불교의 재물관

1. 재물과 관련한 화엄경의 기본 사상

대방광불화엄경(大方廣佛華嚴經)이라고 불리는 화엄경은 금강경과 법화경과 함께 대승불교의 중심된 경전이다. 화엄경은 사사무애와 연기의 사상으로 삼라만상의 모든 사물들이 서로 연계되어 있다는 우주관을 갖고 있다.

화엄경이 인간의 돈과 재물 집착에 대해 직접 언급하고 있지는 않지만, 화엄경의 인간의 마음에 대한 가르침을 통해서 우리는 이를 추론해 볼 수 있다. 화엄경에 의하면, 인간이 허상에 매어 있고, 덧없는 것에 집착하는 것은 모두 마음이 그러하기 때문이라고 한다. 마음의 집착과 장애를 없애기 위해서는 부처의 가르침에 머물러야 한다고 가르친다. 이 부처의 가르침만이 마음을 바로잡을 수 있다(최호, 1990, 49). 모든 집착을 버리면 梵行(범행, 도덕적인 삶과 행동)이 가능해 진다. 그리고 범행의 주요한 요점은 관찰하는 것이다. 사태를 유심히 잘 들여다보며 가장 올바른 길이 무엇인가를 찾고 아는 것을 말한다. "관찰은 지혜의 눈과 정견을 가지고 대상을 보는 것"이라고 했다(정엄, 2018, 150).

1) 무아사상, 무자성

무아란 실체가 없는 것, 즉 연기에 의해서 이루어진 제법(현상적 실제)을 실체로 보아서는 안 된다는 것을 말한다. 모든 존재는 자성 (自性)이 없고, 공이며, 연기에 의해서 이루어지고 있음을 꿰뚫어 보는 지혜를 얻기 위해 힘쓰는 것이 이른바 무아사상이다. 이로써 "존재에 대한 현상의 집착을 경계하고 궁극적 실상에 대한 진실을 바르게 앎으로써 흔들림이 없는" 신심을 가져야 한다(정엄, 2018, 142).

금강경에 나오는 다음의 사구계는 현상계에 대한 깊은 성찰을 보여준다. "모든 존재들은 꿈, 허깨비, 물거품, 그림자, 이슬, 번개 같으니 이렇게 관찰할지라"(정엄, 2018, 151-2). 그러므로 어떤 것도 절대적인 것이 될 수 없으며 맹목적으로 어떤 것을 확신하는 것도 바람직하지 않다는 것이다. 다만 사태를 잘 드려다 보고 거기에서 무엇이 선한 일인가를 아는 지혜를 찾아야 한다. 사람들의 행위나 생각이 모두 공이고, 모든 존재들이 공이라는 말은 그것들이 의미가 없다거나 존재가 없다는 것이 아니라, 거기에 생각과 마음이 머무르지 않는다는 것(무념) 혹은 집착을 하지 않는다는 것을 의미한다(정엄, 2018, 288). 그러므로 공사상, 무아사상은 마음 다스림과 유심철학으로 이어진다.

2) 마음 다스림과 유심철학

화엄경에서 지(地)는 심지(心地)로서 마음의 밭을 가리킨다. 화엄경의 십주품은 마음이 어떤 상태에 있고, 어떻게 비옥하게 만들 수 있느냐를 가르친다. 治地는 마음 다스림이며, 안으로는 마음의 고요함에 이르는 것이며, 밖으로는 복잡한 현상세계는 연기법에 의해 이루어지는 것임을 알고, 그 속에서 모든 것이 변화하며, 확정적이지 않은 것임을 깨닫는다(정엄, 2018, 138). 또한 삼계유심(三界唯心)과 만법유식(萬法唯識), 다시 말하면, 삼계(욕계, 색계, 무색계)가 오직 마음이요, 모든 현상이 또한 식에 기초한다는 것을 깨닫는다. 즉 마음이 생겨나므로 온갖 법이 생겨나고 현상이 생기는 것이다. 원효는 일체유심조(造)라고 했다. 즉 모든 것이 마음에 의해서 만들어진 것이라는 것. 결국 만물의 현상은 연기에 의해서 이루어지는 현상이며, 이것은 다시 인간의 마음에 의해서 만들어진다. 곧 세상의 만법은 연기와 마음의 작품이다. 그렇다면 연기와 마음은 어떤 관계가 있는가? 삼라만상이 연기에 의해서 생긴다. 그런데 연기는 마음과 연합하여 일어나는 현상이다. 연기의 세상과 마음의 세상은 각각 분리되어 있지만 상호관계 속에 있어서 상호작용을 하며 하나의 세계를 형성하는 것이다. 불교의 유심론은 연기법의 유물적인 요소와 결합하고 있다. 그러므로 불교의 유심론은 극단적 관념론으로 빠지지 않는다. 그렇기 때문에 우리는 사물이 연기에 의해서 형성되며, 그것은 다시 마음에 의해서 이해되므로, 결국 우리는 사물에 변함없는 실체가 있을 수 없고, 다만 공일 수밖에 없음을 받아들인다.

그리하여 다음과 같이 읊는다.

삼계에 존재하는 것은 단지 마음뿐이라고
여래가 이것을 분별하여 연설하시네
십이연기도 모두 다 마음을 의지하여
이렇게 세운 것일 뿐이라네(정엄, 2018, 138).

세계의 실상을 보는 마음 즉 치지주(治地住), 수행주(修行住)라고 하는데, 이것은 열 개의 일체법을 관찰하는 행법이다. 즉, 무상, 고, 공, 무아, 무작, 무미, 이름이 같지 않음, 무처소, 분별의 여읨(리분별), 무견실 등 열 가지의 행법을 닦고 일체법을 관찰함이다(정엄, 2018, 139). 이러한 것들이 계(戒)인데, 이 계들은 금지 혹은 말씀을 가리킨다. 말씀을 기억하고 지키는 것은 곧 마음을 지키는 것이 된다. 계에 충실함으로써 자기 마음을 수호하여 대상에 흔들리지 않게 된다(정엄, 2018, 157).

유심철학은 화엄경에 기대어 발전되었다고 할 수 있을 것이다. 즉심시불(卽心是佛), '마음이 곧 부처다'의 언어는 화엄경에 기초하여 있다, 화엄경의 유심게에서는 다음과 같이 노래한다.

마음은 마치 그림을 잘 그리는 이와 같아서
온갖 경계를 지어내나니
세간의 온갖 것은
마음으로 만들지 않음이 없네(정엄, 2018, 139).

다음은 화엄경의 유심게의 일부인데 번역이 수려해서 새로운 버전으로 첨가한다.

마음은 그림을 그리는
화가와 같아서
여러 가지 색수상행식을 그린다.

일체 세간의 것들을

만들어 내지 못하는 법이 없다

마음과 같이 부처도 또한

그와 같으며

부처와 같이 중생도 그러하다.

마음과 부처와 중생이 셋은 차별이 없다.

(http://www.jejubulgyo.com/news/articleView.html?idxno=

18914)

화엄경 사상의 중요한 부분이 위에서 나오듯이 마음, 부처 그리고 중생이 차별 없이 하나라고 하는 인간 존중의 사상이다. 여기에 대승 불교의 소승불교와 다른 중요한 관점의 차이가 나타난다. 인간의 마음도 원래는 부처와 같다고 본다. 마음을 갈고 닦으면 누구나 부처가 될 수 있다.

3) 실천과 마음의 상호관

마음을 정했으면 이에 걸맞는 행동과 실천을 보여줘야 한다. 여기에서 실천은 흔들림 없는 마음에 기초한 실천이다. 보살의 실천은 흔들림 없는 마음에 뿌리내린 실천이다. 그냥 해보는 것이 아니고, 두 가지의 마음으로, 애매한 상태에서 하는 것도 아니며, 확고한 마음에 기반하여 행동하는 이른바 믿음의 행동이다. 화엄경의 십주품은 보살의 마음경지를 가르치며, 십행품은 그 마음의 실천을 가르친다. 마음에 산란함이 없는 고요함과 지혜를 갖춘 행동이며, 무착생(無着行)으로서 어디에도 집착하거나 머무르지 않는 실천이다. 무착행을 금강경에서는 無住相이라고 하여 어떠한 상에 집착하지 않는 이치라고 했다(정엄, 2018, 187). 무착행은 그 어떤 좋을 것 같은 것에도 집착하지 않는다. 부처나 보살이나 중생에도 집착하지 않는다. 부처님의 법에 머물되 그 법에 집착하지 않으며, 중생을 교화하되 중생에 집착하지 않는다. 그러나 이러한 무집착은 열심을 다해서 실천하는 것을 막지 못한다. 모든 장애를 극복하는 실천, 어떠한 장애가 있다 하더라도 중생을 저버리지 않는 실천, 자신의 해탈도 중생 구제를 위해서는 포기하는 실천, 언제나 중생들의 소원에 귀 기울이는 실천을 행한다.

불교의 가르침은 먼저 마음을 바로잡는 것에 집중하라는 것이다. 무자성과 연기법의 관점에서 세상을 바라보며, 그러한 관점에서 팔정도를 실천하여 마음을 바로잡는다. 이제 마음을 바로잡은 상태에서 스스로 구원을 얻지만, 이 구원을 남들에게도 전해야 한다. 이렇게 자신이 지은 공덕을 다른 이들(중생)에 향하게 하는 실천이 회향(廻向)이다. 중생에 회향하면서도 중생을 구한다는 생각마저도 버리는 것이 보살의 마음이다(정엄, 2018, 205). 회향에서 중요한 것은 모든 것을 보시한다는 것이며, 중생에게 이익이 된다면 모든 것을 보시한다. 이때 더 필수적인 것은 집착을 버리는 일이다. 불착업, 불착보, 불착신(몸), 불착물(물질), 불착리(이익), 불착방(方, 방향을 집착하지 않음), 불착중생(중생에 집착하지 않음), 불착일체법(모든 진리에 집착않는 것), 불착무일체처(장소에 집착않음)이다. 이것은 중요한 통찰이다. 회향은 부처님의 세계(극락, 열반)로 가는 것이면서도 동시에 세상을 향하는 것이다. 회향은 나눔이고 베풂이라고 한다(정엄, 2018, 217).

2. 화엄경 사상으로 재물을 어떻게 볼 수 있나?

세상을 보는 열 가지의 지혜가 있다. 이것을 십인품(十忍品)이라고 하는데 여기에서 忍(인)은 지혜를 말한다. 이 지혜에는 생멸이 없다는 무생법인(無生法忍)을 비롯하여, 모든 것이 환영 같다(여환인), 아지랑이 같다(여염인), 꿈과 같다(여몽인), 메아리 같다(여향인), 그림자 같다(여영인), 허깨비 같다(여화인), 허공과 같다(여공인)는 것을 아는 지혜를 말한다(정엄, 2018, 258).

부처는 우리가 실체가 있다고 확신하는 것들이 사실은 환영에 지나지 않는다고 했다. 환영의 기본적인 속성은 실체가 없이 다른 것에 의존해 있다는 데에 있다. 실체가 없는 환영을 실재한다고 할 때 번뇌와 집착이 시작된다고 한다(정엄, 2018, 259).

그렇다면 내 마음을 좌지우지 하는 재물이나 돈은 실체가 있는 것인가? 돈이 실체가 없는 비존재 즉 공이라고 하면 그것은 마음이 거기에 머무르지 않는다, 혹은 집착하지 않는다는 것을 의미한다. 돈은 존재하고는 있지만 실체하는 것은 아니다. 즉 돈이 맘몬이라고 하는 고정된 개념을 가질 수 없다는 것이다. 돈은 돈이라고 하는 현상이다. 그것이 어떤 고정된 개념으로, 혹은 맘몬으로 고정화될 수 없다는 말이다. 즉 교환의 수단일 수는 있어도, 그것이 가치의 척도이거나 축적의 수단일 수는 없다. 세상의 모든 것이 돈으로 그 가치를 매길 수 없다. 돈을 가지고 무엇을 살 수 있다. 실은 돈으로만 무엇을 살 수 있는 것도 아니다. 청정한 공기를 돈으로 살 수 없다. 생기를 불어넣어 주는 아름다운 자연을 돈으로 살 수 있을까? 엇비슷하게 그렇게 할 수는 있을 것이다. 돈으로 숲속의 집을 살 수 있고, 호텔에 들 수도 있을 것이다. 지리산 산골짝의 집은 비싸지 않다. 그러나 그 것이 주는 엄청난 가치는 돈으로 환산되지 않는다. 적어도 우리는 돈이 모든 것의 가치를 결정할 수 있고 가치를 축적할 수 있는 수단이라고 생각하는 고정 관념을 넘어서야 한다. 돈으로 환산될 수 있는 모든 재물도 마찬가지이다. 돈이 맘몬이 되는 이유는 돈이 돈을 벌어들이기 때문이다. 이것은 금융자본주의 사회에서 통용된다. 돈이 맘몬이 되면 스스로 자라날 수 있는 자생력, 생명력을 갖는다. 그것이 인간의 손에 들어오면서 인간을 파멸시키기도 하고, 교만하게도 만든다.

그러나 돈과 재물을 중생들을 위해, 특히 필요한 사람들을 위해 보시할 경우 그것은 좋은 업을 쌓는 것이 된다. 보시에는 평등한 보시, 안으로 보시하는 것(자신의 장기를 주는 것), 밖으로 보시하는 것(재물을 주는 것) 등 다양한 보시가 있다. 열 가지의 보시 중 최후의 보시는 목숨까지 주는 것이다(정엄, 2018, 193). 이처럼 중생에게 이득이 되는 일이라면 모든 것을 보시해서 중생을 만족하게 한다. 각자의 인과와 윤회만 있다면, 돌이켜야 할 것도 없고 다른 대상을 향할 보시도 필요 없다. 그러나 스스로 짓는 업도 있지만, 남들이 짓는 업이 나에게 영향을 주고, 나의 업도 남들에게 영향을 주니 나와 타자들 사이에 어떤 행위가 있어야 한다. 보시가 그 행위 중 중요한 행위이다. 보시는 사회적 책임을 감당하는 보시여야 한다. 깨달음만 가지고는 열반 즉 구원에 이르지 못한다. 결국 사회적 업의 문제를 책임 있게 감당해낼 때에야 진정한 열반에 이를 수 있다(정엄, 2018, 201).

이처럼 돈이 공동체적인 삶, 친구들의 공동체를 형성하기 위해 필요하다. 돈이 세상의 어려운 사람들을 위해서 사용된다면 돈은 더 이상 인간을 파멸하는 맘몬이 아니라 이로운 것이다. 화엄경이 돈에 대해서 주는 가르침은 돈을 맘몬으로 보는 실체적인 관점으로 보는 것이 아니라, 즉 돈을 축적의 대상이나 맘몬으로 고정된 용도의 객체로 보는 것이 아니라, 중생을 구원하고 "친구들의 공동체"를 형성하는 수단으로 볼 수 있게 하는 공(空)의 관점(열린 관점)을 유지할 것을 강조하고 있는 것이다.

III. 신약성서에서의 돈에 대한 가르침

구약성서에서는 재물을 부정적인 맘몬으로 보지 않고 오히려 신의 축복의 소산으로 보았다. 이스라엘의 조상들(아브라함, 이삭, 야곱)은 유목민이었다. 가축들의 식량을 얻기 위해 정착하지 못하고 유랑하며 생존해야 했던 사람들이었고, 이런 유랑생활 속에서 이들을 보호할 유일신 야훼의 신앙이 발전되었던 것이다. 이들에게는 유목을 통해 얻어지는 물질은 생존을 위해 절대적 필수물이었다. 이들에게 재물은 신의 축복이 아닐 수 없었다. 이와 함께 이들을 둘러싼 주변의 제국 바빌론이나 이교도 도시들에서 통용되는 물신 숭배, 우상숭배를 철저히 배격하였다. 당시 많이 통용되었던 금송아지 우상 숭배를 배격한 것이라든지, 십계명에 우상을 섬기지 말 것을 규정한 것이나, 특히 풍요의 신 바알의 배격했던 것을 볼 때, 구약시대의 이스라엘 사람들은 물질 숭배를 철저히 차단하려고 하였음을 알 수 있다.

예수가 살았던 시대가 팍스 로마나 시대였다. 이때는 경제적 발전으로 인하여 돈이 물신화되어 버린 시대였기 때문인지 이에 조응하여 돈을 맘몬으로 즉 물신으로 보기 시작한 것은 시대적 산물이었을지도 모른다. 예수 시대에 맘몬이라는 언어가 통용되었고, 예수의 입에서 맘몬이라는 말이 사용되었다.

화폐가 발달하여 모든 사물을 돈의 가격으로 환원하였고, 모든 사물이 돈에 대응하여 일원화되었다. 이제 사물(사회, 국가)을 지배하기 위해서는 돈을 지배하거나 돈이 될 수 있는 것(금광, 토지 등)을 소유하면 되었다. 돈(맘몬)이 지배하는 현실을 보면서 예수는 맘몬을 숭배할 것이냐, 하나님을 숭배할 것이냐의 갈림길에 서 있는 현실에 직면했던 것이다. 그는 맘몬의 위협을 간파하였다. 이것은 하나님을 대적하는 새로운 신이었다.

당연히 예수는 가난한 민중이 돈이 없어 고통당하는 모습을 잘 알고 있었다. 이들에게 돈이 필수적이며 요긴한 것이고, 이것이 없으면 굶어죽을 수밖에 없는 현실도 잘 알고 있었다. 이처럼 그는 돈(맘몬)의 또 다른 측면을 본 것이다. 불의한 맘몬(재물)으로 친구를 사귀라는 말씀을 했다(누가복음 16:9). 전반적으로 볼 때, 신약성서에서는 재물이나 돈에 대해서 체계적인 언급이 없지만, 적어도 한 가지는 분명했다. 하나님 외에 가치가 있는 것은 없다는 입장이었다. 산상수훈에서 예수는 "한 사람이 두 주인을 섬기지 못할 것이니 혹 이를 미워하며 저를 사랑하거나 혹 이를 중히 여기고 저를 경히 여김이라. 너희가 하나님과 재물을 겸하여 섬기지 못하느니라"고 하였다(마태복음 6:24). 예수는 돈이나 재물에 대해서 대체로 무관심했고, 가치를 두지 않았다. 하늘 나는 새를 보라. 먹을 것을 쌓아놓지 않아도 하나님이 먹이시고 보호하신다고 했다. 그러나 세리 삭개오의 이야기에서 볼 수 있듯이, 예수는 이웃을 위하여 돈을 내는 것을 높이 평가하였다. 그리고 사람들이 재물 소유욕망이 얼마나 잘못된 일인지를 설파했다. 부자 청년의 이야기에서 예수는 이렇게 말했다. "내가 진실로 너희에게 이르노니 부자는 천국에 들어가기가 어려우니라. 다시 너희에게 말하노니 낙타가 바늘귀로 들어가는 것이 부자가 하나님의 나라에 들어가는 것보다 쉬우니라"(마태복음 19:23-24). 이러한 급진적인 내용의 선포에 제자들이 모두 놀랐다고 한다.

재물에 대한 예수의 가르침을 잘 드러내는 마태복음 6장 9-13절에 주의 기도문이 있다.

그러므로 너희는 이렇게 기도하여라. 하늘에 계신 우리 아버지, 그 이름을 거룩하게 하여 주시며, 그 나라를 오게 하여 주시며, 그 뜻을 하늘에서 이루심 같이, 땅에서도 이루어 주십시오. 오늘 우리에게 필요한 양식을 내려주시고 우리가 우리에게 죄 지은 사람을 용서하여 준 것 같이 우리의 죄를 용서하여 주시고, 우리를 시험에 들지 않게 하시고, 악에서 구하여 주십시오. 나라와 권세와 영광은 영원히 아버지의 것입니다. 아멘.

마태복음의 "주의 기도"에서 나타나는 재물관은 다음과 같이 정리할 수 있겠다.

1) 마태에서는 "우리의 죄"를 그리스어로 τὰ ὀφειλήματα ἡμῶν (our debts)이라고 했는데, ὀφειλήματα(opheilemata, 오페이레마타)는 빚진 것들(단수형 ὀφείλημα 오페이레마)을 의미한다. 그렇다면 가난한 자들의 채무를 탕감해 달라는 바램이 담겨 있다. 물론 오페이레마를 죄로 번역할 수도 있다. 병행구 누가복음 11장 4절에서는 이것을 죄(hamartia, 우리의 죄)라고 하였다. 마태복음에서는 왜 유독 죄(sins)라고 하지 않고 빚(debts)이라고 했을까? 예수 시대에 소작농들이나 일일 노동자들 그리고 대부분의 서민들은 빚으로 인해 허덕이었고, 그것으로 인해 죄를 짓기도 했다. 그러므로 '우리의 빚(죄)을 탕감(용서)해 주십시오' 하는 기도에는 당시 고통당하고 있는 서민들에 대한 예수의 관심과 동정이 담겨 있다. 예수에게 당시의 재물이나 돈의 문제는 빚 문제와 직결되어 있다. 대부를 통하여 돈은 사람들을 옭아매는 도구로 사용되었던 것이다. 돈에 관한 한 예수는 빈부의 문제, 사회적 불평등의 문제의 관점에서 보았다고 추측할 수 있다. 그렇다면 예수는 종교와 돈의 문제를 불평등의 문제, 채무관계의 문제로 접근하였고, 종교는 이러한 불평등의 문제 해결을 통해서 돈의 물신화를 극복하는 데 기여할 수 있다고 보았던 것이다.

2) 주의 기도문에 나타나는 또 다른 관심은 "우리에게 필요한 양식"을 주시라는 간구이다. 돈을 요구한 것이 아니라, 일용할 양식을

구하였다. 예수는 돈이라는 매개를 중시하지 않은 것 같다. 돈은 축적을 위한 도구이지만, 양식은 광야의 만나(manna)와 같이 오래 보관하거나 축적할 수 없는 것이다. 불의한 맘몬은 축적할 것이 아니라, 친구를 사귀고 공동체를 만드는 데에 쓰는 것이라고 했다.

위에서 우리는 예수의 기도문에서 돈에 관한 두 가지의 측면을 보았다. 그것은 1) 빈부 격차에 의한 채무관계의 혁파를 위한 간구였고, 2) 매일 매일의 일용할 양식 제공 즉 기본 생활의 보장을 위한 간구였다. 이것이 가능하기 위해서는 축적의 경제가 아니라, 공동체의 경제가 필요했고, 이것은 예수의 관심이었다.

예수의 이러한 관심이 초대 교회 시대에 구현된 측면이 있다. 초대 교회는 원시 공산사회의 모습을 가졌다. 사도행전에 적어도 두 군데에서 공산사회적인 신도 공동체의 모습이 나타난다. "믿는 사람은 모두 함께 지내면서, 모든 것을 공동으로 소유하고 재산과 소유물을 팔아서, 모든 사람에게 필요한 대로 나누어 가졌다"(사도행전 2:44-45). "많은 신도가 다 한 마음과 한 뜻이 되어서, 누구 하나도 자기 소유를 자기 것이라고 하지 않고, 모든 것을 공동으로 사용하였다. 사도들은 큰 능력으로 주 예수의 부활을 증언하였고, 그들은 모두 큰 은혜를 받았다. 그들 가운데는 가난한 사람이 하나도 없었다. 땅이나 집을 가진 사람들은, 그것을 팔아서, 그 판 돈을 가져다가 사도들의 발 앞에 놓았고, 사도들은 각 사람에게 필요에 따라 나누어 주었다"(사도행전 4:32-35). 함께 지내면서 "모든 사람에게 필요한 대로 나누어 주었다"는 것에서 공산사회를 볼 수 있다. 공동체 안에는 아무도 가난하지 않았다. 이것은 세속 생활 속에서의 수도원이었다. 일상에 참여하지만, 삶 자체는 수도원적이었다. 지금도 이러한 삶을 열망하여 함께 사는 신도들의 공동체가 존재하고 있다. 그러나 이러한 삶의 형태가 인간의 개인성, 자기 독자성(uniqueness)에 대한 인간의 욕망에 잘 맞지 않는다. 특히 개인주의가 팽배해 있는 현대 세계에서 이러한 형태의 삶이 확장되기는 어렵다는 것을 부정할 수 없다. 그리고 평등공동체를 형성하는 데에는 참여자들의 자발성도 매우 중요한데, 사도행전의 아나니아와 삽비라 부부의 이야기(사도행전 5:1-11)를 볼 때 자발성에서도 문제가 있었다고 하겠다. 이 부부의 이야기는 자발성의 문제뿐 아니라, 인간의 이기심, 독자성의 문제를 드러내 주고 있다. 이러한 사태를 겪으면서 새로운 모델이 나타나야 했다.

사도 바울은 로마서 12장 2절에서 "이 시대의 풍조를 본받지 말고, 마음을 새롭게 함으로 변화를 받아서, 하나님의 선하시고 기뻐하시고 완전하신 뜻이 무엇인지를 분별하도록 하십시오."라고 말한다. 이 바울의 말씀은 곧 마음을 변화시켜서 부처의 가르침을 세상에서 실천하라고 하는 보살의 길과 결코 거리가 멀지 않다. "이 시대의 풍조"는 맘몬(돈)이 지배하고 있는 세상의 방식을 가리킨다. 그런 방식에 대응하여 마음을 새롭게 하여 하나님이 기뻐하시는 일을 하라는 말씀이다. 사도행전의 공동의 삶을 살지 않으면서도 이 시대의 풍조, 맘몬의 길을 따르지 않을 수 있는 길은 무엇인가?

세상의 영이냐, 하나님께로부터 온 영이냐(고린도전서 2:12)를 놓고 사도 바울은 선택하라고 하였다. 이것은 예수의 맘몬이냐 하나님이냐의 문제와 동류이다. 바울은 공동체적 생활보다는 가난한 사람들을 돕는 생활을 강조했다. 이러한 방식이 좀더 보편적으로 적용가능한 것이었다. 이후 교회는 사도 바울의 방식, 즉 사도 베드로의 수도원식의 원시 공산사회적 공동체보다는 개인들의 독자적이고 개별적인 삶을 인정하지만 함께 가난한 사람들을 돕는 사역을 더 현실적인 타입으로 보았던 것이다. 그리고 가난한 사람들을 위한 시혜의 자세를 다음과 같이 제시했다. "각자 그 마음에 정한 대로 해야 하고, 아까워하면서 내거나, 마지못해서 하는 일은 없어야 합니다. 하나님께서는 기쁜 마음으로 내는 사람을 사랑하십니다"(고린도후서 9:7). 이러한 바울의 현실적인 태도는 신자들이 세상살이에 적극적으로 참여할 수 있는 여지를 마련해 주었다. 그의 다음 말씀에서 우리는 이를 직감하게 된다. "하나님께서는 여러분에게 온갖 은혜를 넘치게 주실 수 있습니다. 그러므로 여러분은 모든 일에 여러분이 쓸 것을 언제나 넉넉하게 가지게 되어서, 온갖 선한 일을 얼마든지 할 수 있습니다. … 심는 사람에게 심을 씨와 먹을 양식을 공급해 주시는 하나님께서, 여러분에게도 씨를 마련해 주시고, 그것을 여러 갑절로 늘려 주시고, 여러분의 의의 열매를 증가시켜 주실 것입니다. 하나님께서 여러분을 모든 일에서 부요하게 하시므로, 여러분이 후하게 헌금을 하게 될 것입니다"(고린도후서 9:8-11).

　예수의 맘몬에 대한 경고의 말씀을 바울은 세상의 영을 따르지 말고 하나님의 영을 따르라는 말씀으로 대체했고, 또한 바울은 베드로의 공산 사회적 공동체보다는 자발적이고 민주적인 공동체, 가난한 이웃을 돕는 공동체를 선호했던 것으로 보인다. 사도 바울은 부자가 되는 것과 가난한 자를 돕는 것을 연결시켰다. 부자가 되더라도 가난한 자를 돕는다면 좋다는 것이다. 그것은 하나님의 축복이며 하나님의 영을 따른 삶이 될 수 있다는 것이다.

IV. 결론: 화엄경과 신약성서의 돈을 보는 공통점과 다른 점

예수는 돈이 재물이 되어 맘몬으로 물신화하는 과정을 꿰뚫어 본 것 같다. 그런데 이렇게 물신화된 과정은 부처가 가르쳐준 연기론으로 풀어서 설명할 수 있다. 화폐가 맘몬이 되는 과정에 마음이 개입되어 있다. 돈의 가치가 어떻게 형성되는가에 대한 질문에 대해, 소위 귀금속(금)의 내재적 가치에 있디고 보는 본질주의 이론과 고전파들이 주장하는 노동가치에 있다고 하는 주장이 대표적으로 제기되고 있다(잉햄, 2011, 143). 돈에 관한 본질주의 이론이나 노동가치론은 비록 제한적이지마는 유심론적이고 연기론적인 설명이라고 할 수 있다. 돈의 가치는 마음이 결정하는 주관적인 측면도 있다. 이것은 유심론적인 설명이다. 돈을 바라보는 관점은 이처럼 유심론과 연기론의 관점이 필요하다는 것을 알 수 있다. 돈과 같은 현실적 사물의 본성을 이해하기 위해서는 유심론과 연기론 모두 유효하고 필요하다. 그리고 유심론과 연기론은 상호 구별되지만, 동시에 상호 연결되고 작용한다.

돈은 편리하기 때문에 더 선호된다. 돈만 있으면 거의 모든 것을 사들일 수 있다. 다른 무엇보다도 돈은 축적하기에 가장 편리하다. 돈을 축적하는 것은 마음 든든한 것이 아닐 수 없다. 하나님을 믿는다는 것은 불확실하고 위험한 데에 비해서, 돈은 불확실성의 위험을 덜어준다. 돈 있으면 위중한 병에 걸려도 최고의 의료 서비스를 받을 수 있다. 돈은 급할 때 구제해 줄 수 있는 힘을 갖고 있다. 돈의 힘은 실제적으로 막강하다. 이렇게 큰 힘을 갖는 돈은 인간의 종으로 사용된다. 돈이 있으면 능력 있는 종, 하인(알라딘의 지니)을 가진 것과 같다. 그래서 모두들 돈을 욕망한다. 이 과정에서 돈은 우리의 종이 아니라, 우리를 조종하고 우리에게 명령을 내리는 맘몬이 된다. 우리는 더 이상 종이 아닌 종이 없이는 살 수 없게 되기 때문이다. 종에게 주인이 결박당한다. 종이 주인의 위에 위치한다.

불자들은 이러한 물신적 맘몬을 연기론으로, 그리고 유심론으로 해체해 버린다. 돈이 이러한 힘을 갖는 것이 결코 자연스러운 것이거나 실체적인 것, 혹은 그리스어로 physis가 아니라, 관습에 의해서 정해진 노모스적인 것임을 간파한다. 그래서 돈의 위력은 자연스러운 것, 실체적인 것이 아니라, 인간들의 생각에서 생긴 것이고, 인위적으로 만들어 진 것으로 보게 되었다(잉햄, 2011, 426).

예수도 재물과 돈의 위상을 자연적인 것, 변함없는 것에서 인위적인 것일 뿐 결국 허무한 것임을 간파했다. 아래의 말씀을 보면 재물은 보기에 따라서 그 성격이 변화됨을 볼 수 있다.

어떤 부자가 밭에서 많은 소출을 거두었다. 그래서 그는 속으로 '내 소출을 쌓아둘 곳이 없으니, 어떻게 할까?' 하고 궁리하였다. 그는 혼자 말하였다. '이렇게 해야겠다. 내 곳간을 헐고서 더 크게 짓고, 내 곡식과 물건들을 다 거기에다가 쌓아 두겠다. 그리고 내 영혼에게 말하겠다. 영혼아, 여러 해 동안 쓸 많은 물건을 쌓아 두었으니, 너는 마음놓고, 먹고 마시고 즐겨라.' 그러나 하나님께서 말씀하셨다. '어리석은 사람아, 오늘밤에 네 영혼을 네게서 도로 찾을 것이다. 그러면 네가 장만한 것들이 누구의 것이 되겠느냐?'(누가복음 12:16-20).

부처는 집착이 고의 원인이 된다고 했다. 그것을 넘어서기 위해서 팔정도의 길을 가르쳤다. 집착은 무명(duhkha)을 불러일으키고, 이것은 삶에 어둠을 가져온다. 무명을 끊고, 집착과 갈애를 버리기 위해서 마음을 항상 새롭게 보듬어야 한다. 마음공부가 불교에서 가장 중요하다. 기독교에서는 이것을 하나님을 따르는 길, 육이 아니라, 하나님의 영을 따라 사는 것을 말한다. 성 어거스틴은 그의 고백록에서 "우리의 마음은 하나님 당신 안에 거할 때까지 안식이 없을 것입니다"(Confessions, I, 5)고 한 고백은 곧 맘몬의 길을 벗어나기 위해서는 하나님 안에 거하는 길 즉 하나님의 영을 따르는 삶 외에 다른 길이 없다는 것을 말한 것이다. 세상의 것들은 우리의 갈애와 집착을 해방시켜 줄 수 없을 뿐 아니라, 더 많은 욕망을 일으킨다.

불교는 이러한 욕망을 넘어서는 길로 팔정도를 가르쳤다. 팔정도를 통해 세상의 허무함을 이해하고, 모든 현상을 살피며 무엇이 중생을 살리는 길인가를 알도록 인도했다(Habito, 2005, 37). 욕망과 탐심은 자아가 스스로를 높이려는 욕망이라고 가르쳤다. 이것을 그리스도교에서는 자기 우상 숭배라고 본다. 이런 것들을 살펴볼 때, 돈에 관한 한, 양쪽 종교 모두 같은 입장을 가지고 있음을 알 수 있다.

차이가 있다면, 불교의 화엄경은 신약성서에 비해서 돈과 재물의 문제를 극복하기 위한 방안에서 보다 체계적이고 치밀하며 단계적이라는 점이다. 예수와 바울도 이러한 욕망을 의로운 방향으로 제어하고 바른 삶으로 인도하는 길을 제시해 주고 있다. 두 종교 모두 같은 방향에서 오늘날 돈이 우상화되고 인간이 돈을 통해서 자기를 확장하려고 하는 모든 유혹을 이길 수 있게 하는 길을 제시해 주고 있음을 확인할 수 있다. 그러므로 두 경전이 서로 다른 말을 하는 것이 아니라, 본질에서 같은 입장을 취하고 있고, 같은 처방을 내리고 있다고 파악된다.

그럼에도 오늘날 교회나 사찰 안을 들여다볼 때 돈이 점점 더 큰 위력을 가지는 것을 볼 수 있다. 세습이나 부정과 비리의 소리가 많이 들려오고 있다. 이러한 상황 속에서 기독교는 "개독교," 목사는 "먹사"라고 불릴 정도로 욕을 먹고 있다. 한국의 개신교는 돈과 재물과 명예의 유혹에 패배하는 모습을 보여주고 있다. 사찰에서도 비슷한 일들이 벌어지고 있음을 종종 본다. 이러한 상황에서 한국의 양대 종교인 그리스도교와 불교의 주요 경전들이 무엇을 제시해 주고 있는가를 살펴보기 위해 경전으로 돌아가는 일은 매우 중요한 일이 아닐 수 없다.

돈의 우상화와 천주교의 21세기 생명경제

김혜경 ― 한국그리스도사상연구소

I. 들어가는 말

"돈은 봉사해야지 지배해서는 안 됩니다!"(프란치스코, 2014, 58).
프란치스코 교황의 이 메시지는 그의 첫 번째 사회교리서인 회칙「복
음의 기쁨」의 특성을 가늠하는 기본적인 잣대가 되었다. 현대 자본
주의에 대한 가톨릭교회의 메시지는 분명하다. "부유한 이들이 가난
한 이들을 돕고 존중하고 북돋워 주어야 한다는 것", "사심 없는 연대
성을 가지고 경제와 금융에서 인간을 이롭게 하는 윤리로 되돌아가
야 한다"(프란치스코, 2014, 58)는 것이다.

본 연구는 앞의 두 논문, "천주교 신자들의 중산층화와 엘리트화
에서 나타나는 돈의 논리"(김혜경, 2016, 315-337)와 "천주교 신자에

게서 나타나는 부(富)의 정도와 사회교리 간 상관관계, 설문조사를 통하여 드러난 결과를 중심으로"(권진관 외, 2018, 115-152)에서 언급한 배척과 불평등을 낳고 이기적인 나태 혹은 무관심주의를 확산시키고 있는 우상화된 돈과 거기에 발목 잡혀 있는 한국천주교회의 현실적인 부분을 검토, 분석함으로써 종합적인 대안을 모색한다.

이를 위해 프란치스코 교황의 메시지 속에서 언급된 현대사회의 다양한 돈의 우상화 현상들을 진단해보고, 교회 안팎에서 시도되어 온 '돈 중심'에서 '인간중심'으로 시스템을 바꾼 여러 활동들을 살펴본다. 특별히 포콜라레(Focolare) 운동의 '공유경제'(혹은 '나눔의 경제')에 초점을 맞추어 보겠다. 포콜라레는 가톨릭교회의 대표적인 신심운동 단체로 종교 간 대화에서부터 정치, 경제, 사회 분야의 일치를 모색하는 동시에 20세기 이후 새로운 경제모델로서 '주는 문화'를 제창해 왔다. 이를 기반으로 1991년부터 실행해 오고 있는 '공유경제'는 세계적인 주목을 받아왔다.

이런 움직임은 가톨릭교회 전반으로 확산되어 보편적 형제애와 지구시민사회(global civil society)의 비전으로 사회 문화적으로, 더 나아가서는 세계적으로 다양한 계층의 분야에 큰 영감을 주었다. 대형화되어가고 있는 교회의 새로운 사목 비전으로 제시되어 소공동체 운동에도 영향을 미쳤고, 환경운동과 생명을 살리는 운동[살림운동]으로 확장되어 사회적 기업의 탄생에도 영향을 미쳤다. 새로운 환경운동은 '즐거운 불편운동'이라는 구호 아래 걸어 다니기, 계단 이용하기, 장바구니 들고 다니기, 아나바다(아껴쓰고, 나눠쓰고, 바꿔쓰고, 다시쓰기) 등 다양한 활동지침으로 신자생활에 긍정적인 영향을 주었다. EM효소 쓰기와 에너지 절약운동도 돈 중심의 삶에서 사람과 환경중심으로, 인간에 대한 새로운 개념으로서 '주는 문화'에 대한 이해를 심화시켰다. 이런 움직임은 1990년대 초부터 활발하게 진행되어 지금까지 자리를 잡고 있다.

본 고는 '근원'에 충실하려는 복음적 가치에 힘입어 적어도 종교공간에서라도 돈이 먼저가 아니라, '사람'이 먼저라는 인식을 확대해 나가고 있는 포콜라레 운동과 공유경제의 배경 및 의미 그리고 그 안에 작용하는 원리들을 통해 목적이 아닌 수단으로서 돈의 가치와 생명을 살리고 환경을 살리는 수단으로서 돈의 기능에 대해서 전망해 보고자 한다.

II. 현대사회의 돈의 우상화 현상

교황은 배척과 불평등의 경제구조는 나이든 노숙자가 길에서 얼어 죽은 것은 기사화되지 않으면서, 주가지수가 조금만 내려가도 기사화되는 것, 한쪽에서는 굶주림에 시달리는 사람들이 있는데도 음식이 버려지고, 경쟁의 논리와 약육강식의 법칙하에서 배척과 소외의 대상이 되고 있는 약자들의 실태를 무덤덤한 감정으로 매일 접하고 있다는 데서 극명하게 드러난다고 질타한다(프란치스코, 2014, 53).

인간을 소모품처럼 인식하는 사회구조는 단지 착취와 억압의 문제만 야기하는 것이 아니다. 배척은 속한 사회에 계속해서 속해 있느냐 없느냐의 문제보다 더 심각한 사회 밖으로 쫓겨난 이들, 버려진 사람들을 말하고(프란치스코, 2014, 90), 불평등은 기회가 공정하냐 아니냐의 문제가 아니라 원천적으로 기회 자체가 주어지느냐 아니냐의 문제로 대두된다.

신자유주의 경제체제는 '정부가 개인의 권리와 사적 재산권을 보호'하는 데 충실해야 한다는 입장을 대변하며 등장하였다. 이후 하이에크는 "경제적 자유주의는 개인들의 개별적 노력을 조정하는 방법으로… 권력의 강제적이고도 자의적인 간섭 없이도 서로 조정될 수 있는 유일한 방법으로 경쟁을 내세웠다." 경쟁을 통한 발전을 지지한 것이다. 이것은 개인의 창의적인 에너지를 분출하도록 놓아두는 자유의 원리를 확보해야 한다는 것으로써, 2차 세계대전 당시 독일 등에서 번져간 집단주의와 전체주의 흐름 속에서 집단의 통제가 아니라 자생적인 발전의 동력으로서 '경쟁'을 언급한 데 따른 것이었다(지성용, 2017, 111).

그러나 경쟁을 통한 진보는 개인의 성과와 생산성은 높일 수 있을지 모르지만, 그만큼 불평등은 심화되고 경쟁에서 뒤처지는 이들이 많이 발생하였다. 경제가 성장하면 낙수효과(Trickle down effect)로 인해 소득불평등이 완화될 것이라는 견해들이 무색하게 경제성장과는 별개로 불평등의 구조가 심각해졌다. 무한 경쟁이 '무한 투쟁'으로 이해되는 속에서 '양극화'가 계속해서 심화된 것이다. 이 점에 대해 「복음의 기쁨」은 말한다.

낙수이론을 계속해서 옹호하고 있는 사람들이 있습니다. 낙수이론은 자유경쟁 시장메커니즘으로 이루어진 경제성장이 세상에 더 큰

정의와 포용을 가져올 것이라고 주장하지만 이런 견해는 사실로 입증된 적이 결코 없습니다. 오히려 경제 권력으로 무장한 이들의 선심성 정책과 지금의 경제 시스템을 옹호하는 행태들에 대해 조악하고 순진한 신뢰를 보이는 것에 불과합니다. 그러는 동안 소외시키는 생활 방식을 유지하는 것이 혹은 이기적 목표에 몰두하는 것이 바로 무관심의 세계화를 발전시킨 것입니다. (54항)

'무관심의 세계화' 원인으로 경쟁을 통한 경제성장과 그 중심에 있는 '돈의 통솔권'을 말한다. 시장경제에서 이미 돈은 법을 규정하고, 따라서 '돈=법'을 초월하여 '돈=신'이 되어 절대권력을 행사하는 것이다. '돈의 우상화 시대'가 도래한 것이다. 이런 세계를 살아가는 인간은 흔히 두 부류로 나뉘는데, 하나는 우상의 숭배자가 되는 것이고, 다른 하나는 거기에서 밀려난 '잉여인간' 혹은 '소외된 인간'이 되는 것이다. 자본주의 체제에서 후자에 속한, 곧 밀려난 인간에게 제공되는 공간은 없다. 그들은 '은밀한 안락사'라고 하는, 그들 존재의 중요성을 인정하지 않는 풍토 속에서 살아가야 한다. 그리고 이런 상황은 세계도처로 확산되고 있다. 무관심의 세계화는 바로 이런 환경을 말하는 것이다.

불특정 다수를 향한 '묻지마 테러'와 각종 폭력 및 자살율의 증가는 자본주의 체제에서 밀려난 인간의 절규이자 포효다. 범죄의 증가, 일할 능력이 있음에도 일자리를 찾을 수 없는 실업빈민, 일은 하지만 소득이 최저 생계비에 못 미치는 근로빈민층, 희망이 없는 천년세대들과 청소년 노숙자(혹은 가출자)의 지속적인 증가 등은 돈의 우상화

시대를 대변하는 표상들이다. 불법적인 돈 거래와 금융 투기, 성매매, 인신매매, 미성년자에 대한 범죄와 학대, 다양한 형태로 존재하는 노예제도 등은 생명에 대한 비도덕적인 사냥이자 그 안에 내재된 돈의 우상화 현상의 결과물이다.

베네딕토 16세 교황은 "세계화는 우리를 이웃으로 만들지만 형제로 만들지는 않는다"고 했다. 자본주의 사회에서 각자의 이익을 경쟁적으로 챙기는 국제관계 속에서 형제애를 찾기란 참으로 어려운 일이라는 의미로 해석된다. 프란치스코 교황의 다음의 말도 같은 맥락에 있다.

> 불평등, 빈곤 그리고 부당한 많은 상황들은 형제애의 심각한 결핍뿐만 아니라 연대성 문화의 부재도 말해 주는 표징입니다. 만연하는 개인주의, 이기주의 그리고 물질적 소비주의로 특징되는 새로운 이데올로기들은 가장 나약한 자와 '무용지물'로 간주되는 사람들을 유기하고 무시하는 '버리는' 정신을 부채질하면서 사회적 연대를 취약하게 만듭니다(프란치스코, 2014, 63-64).

이런 상황에서 인간의 공존은 갈수록 더욱 '기브앤드테이크' 식으로 바뀌고, '나는 단지 당신이 주었기 때문에 줄 뿐이다'라고 한다. 이것은 실용적인 것 같지만, 이기적인 것에 더 가깝다고 할 수 있다. 전통사회에 비해, 현대 한국 사회도 별반 다를 바 없다. 한편에서는 비상식적이고 비윤리적인 방식의 소비주의가 부추겨지고 만연해지고, 또 다른 한편에서는 불신용과 불관용에 익숙해진 계층의 폭력이 사회적인 문제로 등장하고 있다. 세 아이들을 고층에서 던지고 자살한 인천의 손○○ 씨, 30년 전에 가출하여 가족관계가 단절된 노숙자 강○○ 씨, B형 간염을 앓고 있는 용산구의 독거남자 이○○ 씨, 당뇨 후유증으로 발이 썩어가는 지체장애 6급 노숙자 최○○ 씨 등에서부터 거리에 방치된 정신질환자, 중증환자와 정신 장애인 등의 사례는 끝이 없다.

쓰다 버리는 일회용품처럼 취급되는 비정규직 노동자들의 삶의 실태는 어제 오늘의 이야기가 아니다. 아무리 교회가 고통받는 이웃들, 가난하고 소외된 사람들도 '그리스도의 얼굴'을 지니고 있기에 '일회성 문화', '폐기의 문화'가 제안하는 것처럼 그들 역시 폐기 처분되어서는 안 된다고 강조하지만, 사회는 그들을 만나고 포용하려는 노력보다는 그렇지 않은 것이 더 강하게 존재하는 것 같다. 그들이 결코 버려져서는 안 된다고 외치는 소리보다 '돈=우상'을 신봉하는 금융기관에서 내놓는 새로운 금융상품들에 언론이 더 크게 반응하고 대중을 그렇게 몰아가고 있기 때문이다. 자본주의의 시녀로 전락한 언론의 충동질은 개인으로 하여금 금융상품에 투자할 것을 부추기지만 결국 산업화와 함께 등장한 괴물인 '주식회사'에 잠식되고 개인은 극빈자로 내몰리는 악순환이 계속되는 것이다.

자본주의 사회의 정점에서 금융자본은 일부 소수가 독점하고, 다양한 금융파생상품으로 등장한 선물, 옵션, 스왑, 퓨처 등과 같은 것들 역시 일부 사람들에게만 탐욕 대상이 되어 양극화를 계속해서 부추기고 있다. 자본주의 사회에서 금융기관은 경제독재를 지향하는 집단으로 전락하고 마는 것이다.[1]

경제 분야의 양극화 현상은 가톨릭교회 안팎에서도 감지되는 것으로서, 앞서 논문 "천주교 신자들의 중산층화와 엘리트화에서 나타나는 돈의 논리"에서 밝힌 바 있다. 타종교인들에 비해 가톨릭 신자들의 중산층화가 높다는 것은 가난한 사람들로 하여금 점차 교회로부터 멀어지게 하는 원인으로 작용한다는 것이다. 돈이 많은 사람들이 교회 안에서 목소리를 내면 낼수록 교회 고유의 영성이 파고들 자리는 없어진다. 이에 프란치스코 교황은 가난한 사람들을 찾아 '교회는 실존의 변방으로 나갈 것'을 주문했다. 교회로 하여금 중심에서 밀려난 사람, 소외된 사람들 가까이 있을 것과 동시에 자유 경제주의자들의 사고방식으로부터는 멀리 있으라고 했다.[2] 교회의 정체성과 관련하여 '길을 나서는 교회', '야전병원', '양 냄새가 나는 목자'에 대해서도 언급했다. 교회는 변방에 있어야 한다는 것, 사람이 아닌 돈을 중심에 두는 한국 사회의 현실과 그에 대한 천주교회 신자들의 중산층화와 엘리트화는 심각한 양극화 현상과 함께 때로 극단적인 이념주의로 표출되기도 한다(김혜경, 2016, 316).

시장에서 금융 분야가 커지고, 경제가 한 방향으로 확대되다 보면 거기에서 일하는 사람의 수도 늘어나고, 이윤에 매혹될 확률도 그만큼 커질 수밖에 없다. 이윤 자체를 위해 봉사하다가 결국 돈의 노

---

1 '경제민주화'는 이런 '경제독재'에 대항한 용어로 개인의 자유를 지나치게 침해하지 않는 범위에서 가난한 사람이건 부유한 사람이건 모두에게 '동일한 기회', '공정한 기회'를 가질 수 있게 하겠다는 경제정책의 하나라고 판단된다.
http://ko.wikipedia.org/wiki경제민주주의.
2 "Lontani dai soldi vicini agli emarginati"(01.08.2016), In arcivescovado l'incontro con i gesuiti polacchi,
http://www.osservatoreromano.va/it/news/lontani-dai-soldi-vicini-agli-emarginati.

예가 되는 사람이 늘어나는 것도 이해가 되는 부분이다. 그런 가운데 양심에 따라 돈이 우상의 중심이 아니라 존엄한 인간을 위해 시장이 유지되도록 용기와 사고와 힘에 대한 신념을 가지는 것이 중요하다. 그렇지 않으면 양극화로 인한 불평등은 가속화될 것이고, 그 결과는 폭력으로 이어질 것이기 때문이다. 묻지 마 폭력과 같은 불특정 다수를 향한 분노 표출과 사회적 폭력의 증가는 배제된 인간이 외치는 최후의 절규가 그만큼 늘어나고 있다는 것을 의미한다. 불안과 두려움의 증폭으로 인해 사회적 통합은 저해되고, 공동체의 힘은 약화되는 것이다.

이웃의 고통에 '중립적인 태도'라는 이름으로 침묵하고, 물질적인 풍요가 현실을 안락하게 해 줄 것이라는 '거짓된 희망'도 이런 분위기에서 대두되었다. 결국 자유 우선의 자본주의의 결과는 소수를 부자로 만들고 그 부자들에 의한 금권정치, 미디어 집중은 다시 그들의 안정성만을 위해 세금 구조를 개혁하는 등 소수의 주장만을 관철시켜 나감으로써 불평등의 구조를 가속화 시켜왔다.

'부유한 보수주의자들'로 분류되는 그들은 '세계화'라는 명분으로 경제 성장과 세계경제의 변화 속도까지 가속화시켜 왔다. 부자와 빈자 사이의 격차는 21세기에 들어와 극단적으로 확대되고 부자들의 공격적인 경쟁 위주의 정책은 세계경제의 규범과 질서마저 훼손하고 있다(아이작, 2006, 15-17). 실제로 브렌턴우즈 협약, 국제통화기금, 세계은행, 세계무역기구 등의 규준과 질서를 준수하려는 의지가 점차 엷어지는 것이 감지되고 있는 것이다. 그러므로 정서 불안, 권력 추구, 인간적 영예, 경제적 행복 등은 모두 서로 얽혀 있고 돈으로 야기된 현대인의 '초상'들이라고 하겠다.

현대사회의 이런 '초상'들을 예견한 짐멜은 『돈의 철학』에서 돈의 본질에 대해 인간의 사회성과 타자와의 관계 속에서 서로에게 필요한 것을 충족시키며 살아가는 존재라는 전제하에, "추상적이고 보편타당한 매개형식"이라고 정의했다. 전통사회에서는 오랫동안 맺어온 교분과 신뢰를 근간으로 교환과 협업이 이루어지지만, 현대의 도시사회는 '돈'이 그 매개 역할을 한다는 것이다. 그런 점에서 돈은 단순히 물질에 그치는 것이 아니라, 사람과 사람을 이어주는 '미디어'가 되는 것이다. 동시에 개인과 세계를 묶어주는 사회 시스템이 되는 것이다. 그러다 보니 근대 이후 그 작동의 범위가 급격하게 넓어지면서 돈의 힘이 점점 막강해졌다. 그리고 현대인은 그 무형의 기호를 통해서 유형의 물질을 획득할 수 있게 되었고, 돈이 있으면 한 번도 만나보지 못했던 사람조차 내 뜻대로 움직이게 할 수 있고 인간적으로 굴복시킬 수도 있다. 그런 점에서 돈은 인류가 만들어낸 매우 희한한 발명품이 아닐 수 없는 것이다. 외부 세계에 있는 객관적인 제도인 동시에 인간의 마음과 존재에 심층적으로 얽혀 있는 에너지라고 하겠다(김찬호, 2014, 6-7).

돈은 경제학의 영역에만 속해 있는 것이 아니라, 정치, 사회, 문화, 종교 등에서 역사와 현대에 걸쳐 인간을 둘러싼 모든 삶의 영역에 속해 있어 인문학적 성찰이 가장 크게 요구되는 분야임에도 가장 외면받아온 분야라고 할 수 있다. 돈을 생각하지 않고 살아야 고고한 삶인 것처럼 여겨지지만, 섹스, 종교, 음악, 스포츠 등에 열광 혹은 혐오의 방대한 스펙트럼과 태도는 다양하지만, 돈에 신경 쓰지 않고 사는 사람은 거의 없다. 하느님을 생각하지 않고 지나가는 날은 많아도 돈을 생각하지 않고 지나가는 날은 거의 없을 것이다. 돈이 많건 적건 간에, 지금 당장 내 삶에 영향을 미치는 것은 하느님보다도 돈인 것이다.

날마다 '쩐의 전쟁'에 시달리며 살아가는 현대인들이 영혼의 위로를 찾겠다고 하는 종교의 공간에서도 '쩐'이 많은 사람과 적은 사람의 간극은 극명하게 드러난다. 본당에서 목에 힘을 주고 감투를 쓰고 본당 사제 시야에서 벗어나지 않는 소위 한 가닥 하는 사람은 대체로 '쩐'이 많은 사람이고, 본당 사제의 시야에서 멀리 있는 사람은 대개 '쩐'이 적은 사람이다.

아울러 돈이 들어간 지갑은 개인이 가는 화장실만큼이나 은밀한 공간이고 가장 깊은 곳에 감춰두는 공간이다. 돈의 액수만 감추는 것이 아니라 돈에 대한 나의 느낌이나 욕망까지 감춘다. 돈 앞에서만큼은 사람이 솔직하지 않다. 겉과 속이 극명하게 다르다. 돈은 남녀 관계를 비롯한 다양한 인간관계를 시험하는 물신(物神)이고, 인간을 발가벗겨 놓을 수 있는 수단이며, 그런 점에서 하느님과 혼동할 수 있는 여지가 있는 것이다. 모두 극단적인 호불호의 대상이 될 수 있는 것이다.

III. 가톨릭 단체 안에서 경제모델로서, 공유경제

자본주의 경제체제는 소유권을 기본으로 한다. 특히 소비자본주의 시스템은 인간의 소유욕을 자극하여 타인을 배제한 채 상품과 서비스를 팔고 사는 방식으로 운용된다. 여기에서 가격 매커니즘은 때로 인간 존재의 가치로까지 확산되어 임금수준에 따라 인간에 대한 가치를 평가하기도 한다. 경제 운용의 방식대로 인간을 재단하는 것이다.

이런 시대에 점차 이목을 집중시키고 있는 '공유경제'는 2010년 혁신적 비즈니스 집합의 하나로 급부상하기 시작했다. 2011년 「타임」(*Time*)지는 세상을 바꿀 10개의 아이디어 중 하나로 공유(sharing)가 제시되고 '공유경제'(sharing economy)라는 이름으로 세계에 알렸다. 여기에서 공유경제는 소비자가 가진 물건, 정보, 공간, 서비스 등과 같은 자원을 다른 경제주체와 공유해 새로운 가치를 창출하는 경제구조를 말한다(김대호, 2017, viii-ix).

공유경제는 '소유'가 아니라 '공유'를 기반으로 한다. 그래서 '협력소비'(collaborative consumption), '협력경제'(collaborative economy), '동료 경제'(peer economy) 등으로도 불린다. 새로운 커뮤니케이션 도구는 새로운 공유 문화를 만들 수 있는 기회를 제공하며, 공유 능력은 이런 문화에서 가치를 극대화할 수 있다(김대호, 2017, ix-x). 공유경제는 효율과 소유 중심의 '자원 경제 시스템'을 연결과 공유 중심의 '관계 경제 시스템'으로 빠르게 변화시켰다. 사람들의 생활양식은 '소유해야 누릴 수 있는' 것에서 '누릴 때만 소유하는 것'으로 변화하고 있는 것이다. 소유에 대한 인식이 근본적으로 바뀌고 있다고 볼 수 있다(이민화, 2018, 18).

이런 성장의 배경에는 사회적 동물로서 인간의 본성을 자극한 것이 원인으로 보인다. 소속된 공동체와 함께 생산하고 소비하는 공유의 방식으로서 경제 활동이야말로 어쩌면 인간의 본성에 속할지도 모르기 때문이다. 인류의 역사는 바로 이점을 여실히 보여주고 있기 때문이다. 다만 그 차원이 과거에는 물리적인 공동체와 가시적인 거리에 한정되어 있었다면, 이제는 정보통신기술(ICT, Information and Communication Technology)을 토대로 하고 있다는 점이다. 모바일과 초고속 인터넷의 발달은 세계를 개인의 집처럼 작고 가깝게 만들어 놓았다. 서비스 제공자와 이용자를 신속하고 정확하게 연결해 오프라인 시장에서 발생하는 높은 거래 비용을 감소시켜, 시공의 한계를 극복할 수 있게 해 주는 이런 시스템으로 인해 공유의 경제는 질적, 양적으로 혁신적인 발전을 거듭할 수 있게 된 것이다.

다시 말해서, 공유경제는 물건을 소유해서 쓰는 대신 서로 나눠 쓰고 빌려 쓰는 경제활동이다. 공유 대상도 차량, 숙박, 금융, 교육, 에너지, 경험 및 시간 등과 같이 전 분야로 확대되고 있다. 공유경제에서 가장 중요한 점은 경제의 중심이 기업에서 상호 연결된 사람이다. 개인은 이제 단순 소비자가 아니다. 경제 생산자를 거쳐 앞으로는 더 강력한 힘을 갖는 소비자로 재탄생할 것이다. 공유경제는 결국, 너 그리고 나, 우리가 중심인 민주적인 경제구조로 받아들여지고 있다 (이민화, 2018, 38-39).

공유경제 모델의 핵심은 유휴 경제요소를 공유하는 데 있다. 재화, 자본, 공간을 포함하여 일상생활에 필요한 유휴자원의 공유에 대한 수요와 공급을 연결하여 새로운 경제적 가치를 창출한다. 이로써 한계비용 제로를 실현하는 것에 의의를 두는 것이다. 소유의 시대는

가고 접속의 시대가 도래했다고 볼 수 있다.

　21세기의 새로운 경제시스템으로서 이런 형태의 '공유경제'가 나오기 훨씬 전부터 가톨릭교회 내에서는 나눔, 친교라는 용어로 코무니온(Communion, '빵자름'[fratio panis], 곧 그리스도의 몸과 피를 나누어 먹는다는 의미다)을 기반으로 그 정신을 사회적으로 실천해 온 신심단체가 있었다. 포콜라레3는 그리스도의 몸을 '나누어 먹는다'는 코무니온의 본래 뜻을 경제 모델에 적용하여 소유의 문화에 바탕을 둔 소비주의 경제와는 달리, '주는 문화'에 바탕을 두고 새로운 가능성을 실험하여 성공 모델로 자리를 잡은 대표적인 신심단체다. 이타적인 인간 본연의 욕구를 경제활동에 적용하여 고용과 이익을 창출할 수 있는 생산적인 기업을 세우고, 이익의 3분의 1은 기업에 재투자하고 3분의 2는 도움을 필요로 하는 사람들에게 분배하는 형식으로 추진하였다. 그리고 그것을 브라질 포콜라레 운동 본부가 있는 소도시 아라첼리에서 1991년에 처음 시작하였다.

　상파울로 교외에 있는 아라첼리 소도시 근처에 '스파르타코' 공업단지를 개발한 것이다. 5만 평방미터의 단지에 합자회사 ESPRI를 만들어 1998년 말까지 12개의 사업체를 입주시켰다. 2천 명 이상의

---

3 1943년 이탈리아 북부 트렌토에서 끼아라 루빅(Chiara Lubich, 1920-2008)이 시작하여 이탈리아 전역과 유럽, 현재는 전 세계로 전개된 가톨릭의 사도직 활동 단체다. 흔히 포콜라레 운동(Focolare Movement)으로 불리며, 마리아의 사업회라고도 한다. 제2차 세계대전 시기 트렌토시가 폭격에 휩싸여 있을 때 운동이 시작되었다. 이탈리아어로 '벽난로'를 뜻하는 포콜라레(Focolare)는 분열과 갈등으로 얽힌 세상에 '서로 간 사랑과 모든 이의 일치'를 목적으로 창설된 영성 운동이다. 포콜라레 운동은 어른부터 젊은이, 청소년, 어린이, 유아들에 이르기까지 누구나 참여할 수 있으며, 가정을 이루는 평신도뿐만 아니라, 주교, 사제, 수도자는 물론 종교와 민족을 넘어서 참여하고 있다. http://ko.wikipedia.org/wiki/포콜라레_운동.

주주들은 대부분 브라질 사람들이다. 아라첼리 시범도시는 좋은 하나의 사례가 되어 주었다. 아라첼리가 성장하는 동안에도 1998년 말까지 654개의 기업과 91개의 소기업들이 같은 이상을 실천하며 30개국 이상의 나라에 다양한 분야로 확장되어 나갔다. 164개 기업은 제조 분야에서, 189개 이업은 산업 분야에서, 그리고 301개 기업은 서비스 분야에서 활발한 성장을 거듭했다.[4]

그렇다면 포콜라레의 공유경제는 어떤 원리로 이윤을 창출하는 것일까? 원리는 의외로 간단하다. 소비주의 경제에서처럼 인간의 소유욕을 부추겨 소비를 늘리는 것과는 달리, 공유의 경제는 '주는 문화'에 바탕을 두고 있어 어려워 보여도 참가하는 기업들에게 먼저 새로운 사업 형태를 표방하기보다는 그들이 기업을 이끌어 가는 방식을 통해서, 그들이 주식회사든 협동조합이든 혹은 그 밖의 다른 형태의 기업이든 간에 기존의 사업 방식을 새로운 경영 방식으로 바꾸도록 하는 것이다. 공유경제 기업들은 법을 엄격히 준수하고 근로자들의 권리는 물론 소비자, 경쟁기업, 사회와 환경의 권리를 존중하는 생산 활동을 통해서 이익을 얻고 있다. 고용주와 피고용자들 간 일치로 기업 내부와 외부 양측에 매우 긍정적인 상호 인간관계를 형성하

---

4 남미에는 200개 이상의 기업이, 유럽에는 300개 이상의 기업이 이 일에 참여하고 있다. 이탈리아에 150개, 독일에 50개의 기업이 있고, 동유럽에도 몇몇 기업이 있다. 북미와 아시아(주로 필리핀), 아프리카, 호주에도 있다. 대부분의 기업들이 연매출 2천만 불 미만의 중소기업들이다. 가령 이탈리아의 경우 3명의 기능공이 일하던 작은 기업이 불과 몇 년 사이에 260명을 고용하는 대규모 기업으로 발전한 예도 있다. 유럽의 어떤 지역과 남미의 한 곳은 공유경제 기업이 네트워크를 형성하여 판매촉진 출판물을 발간하고 있기도 하다. 독일에서는 솔링겐 출신의 23개 기업의 사람들이 "협력기금"을 세웠고, 한 상업은행은 동유럽과 개발투자가 필요한 세계의 다른 지역의 공유경제 기업을 지원하고 있기도 하다. http://www.focolare.or.kr/primaex.htm.

는 것이다. 상호 인간관계를 향상시키기 위해 드는 모든 노력은 창의력의 증진과 생산방법 및 기술혁신으로 개발역량을 향상시키는 결과를 가져왔다. 공유경제 기업의 존재와 발전을 그들의 근본 원칙이 사업비용 절감과 경제효율 증진 방법이 되고 있음을 보여주었다.

'주는 문화'는 복음에 기초한 문화다. "남에게 주어라, 그러면 너도 받을 것이다. 말에다 누르고 흔들어 넘치도록 후하게 담아서 너희에게 안겨 주실 것이다"(루카복음 6:38)라는 복음 말씀에 따라 지구의 불균형을 회복시킬 수 있는 유일한 처방이라는 것이 포콜라레의 정신이다. 그들은 복음 말씀이 공허한 메아리가 아니라는 것을 수많은 성공 사례로 거듭 입증해 주었다.

1943년, 트렌토에서 포콜라레 운동이 처음 시작되었을 때, "내가 너희를 사랑한 것처럼 너희도 서로 사랑하여라"(요한복음 13:34)고 하신 복음의 새 계명을 재발견하며, 회원들 안에서 즉시 영적·물적 공유를 자유롭게 시작했다. 초대 그리스도인들의 모범을 바탕으로 하여 재산의 공유는 포콜라레 회원들의 생활방식이 되었다. '재산의 공유'와 '한 마음 한 영혼'이라는 초대 그리스도인들의 귀중한 이상은 교회사의 여정에서도 큰 울림을 주었다. 이후 사회적인 추진 동력은 잃었지만 수도원과 일부 평신도 공동체에 관습처럼 남아 있었다. 바로 그것이 트렌토에서 새로 태어난 작은 공동체에서 새롭게 폭발함으로써 모든 그리스도인들이 재발견하도록 하는 한편 성숙한 결실로 온 인류 앞에 펼쳐졌다.

끼아라와 그의 첫 동료들은 이 정신의 중요성을 깊이 인식하였다. 끼아라는 말했다.

"우리는 트렌토의 사회적 문제들을 해결하기 위해 물질의 공유를 실천하고자 하는 목표를 갖고 있었어요." "트렌토 변두리에는 아주 가난한 지역이 두세 군데 있었어요. 우리는 그곳에 가서도 우리가 가진 것을 그들과 나누어야 했어요. … 그것은 매우 단순한 생각이 었죠. 우리는 그들보다는 더 많이 가지고 있었고, 그들의 생활수준을 우리 모두와 같은 수준까지 올려놓기를 원했어요."[5]

이것은 "주어라 그러면 받을 것이다"라는 복음 말씀에 대한 놀라운 경험의 시작이었다. 전쟁기간 중인데도 식량, 의복 그리고 약품들이 예상치 못할 만큼 풍부하게 도착했고, 그들에게는 '복음을 사는 것'에 모든 개인과 사회문제에 대한 해답이 들어 있다는 확신이 생겨났다.

공유경제에 참여한 사람들, 즉 공유의 경제 사업체의 경영자와 근로자들은 일반적인 경제학의 이론이나 관행과는 다른 새로운 문화의 근본원리에 심취한 사람들이다. 이 문화는 '소유의 문화'와는 상반된 것이기 때문이다.

재화를 내어 놓는 것은 존재의 수준에서 '자기를 내어 주는' 하나의 표현방식이다. 다시 말하면, 그것은 개인이나 집단이 아닌 공유의 개념으로 인류학적인 개념이다. 그러므로 '내어주는 문화'는 단지 개인주의에서 유래한 자선사업이나 복지를 분배하는 방식이 아닌 것이다. 그들은 말한다.

---

5 http://www.focolare.or.kr/primaex.htm.

인간존재의 본질은 공유하는 것이다. 그러나 주는 모든 형태나 행위가 '주는 문화'를 만드는 것은 아니다. 다른 사람을 지배할 욕심으로 오염된 '주는 것'도 있기 때문이다. 개인이나 집단을 대상으로 지배나 통제를 하는 것도 겉으로 보이는 '주는 것'이 될 수 있다. 주는 행위를 통해서 개인적인 만족을 추구하는 형태로 '주는 행위'도 있다. 그것은 이기적인 표현이며, 받는 사람에게는 모욕이자 멸시다. 또 편의주의에 바탕을 둔 '주는 형태'도 있는데, 그것은 사람을 이용하는 것이고 기회주의적인 것이다. 이것은 자기의 이익을 위해 주는 행위를 이용하는 신진보주의 철학에서 분명히 드러난다.

그러므로 그리스도인들이 '복음적'이라고 부르는 형태의 '주는 행위'는 사업장에서도 "주어라 그러면 받을 것이다"라는 복음의 경험을 일으키는 능력을 가지게 된다. 이런 상호적인 주는 것과 받는 것은 서로 간 존엄성에 대한 깊은 존경 속에서 타자들을 향해서도 개방하게 되는데, 그것은 종종 예기치 않은 이익의 형태로, 새로운 기술의 발견이라는 형태로, 혹은 성공적인 판매 아이템의 형태로 나타나기도 한다.

브라질 부통령을 지낸 마르코 마씨엘은 "끼아라 루빅에 의해 주창된 공유의 경제는 세계화의 물결에 의해 지배되는 세계에서 경제 관계에 대한 거대한 양의 인류애를 투여한 경험이다. 이것은 자유경제의 경쟁을 쫓기보다는 오히려 더욱 친숙하게 사회적 평등과 정의 사회를 구현하는 계획"이라고 했다.6

---

6 회의자료, 1998.05.07. "공유의 경제: 포콜라레 운동의 사회학적 경험", 브라질 국회.

이탈리아 볼로냐 대학 정치경제학 교수를 지낸 스테파니 자마니도 "공유경제의 경험은 순수하게 지적인 면에서 그리고 그 이론의 실용적인 근거에서 공히 도전적이다. 경제적인 경험의 다른 유형과 비교할 때 나는 두 가지 중요한 차이점을 발견하게 된다. 하나는 공유경제의 모델을 자유로이 수용한 사람들은 부의 생산과 분배는 분리할 수 없다는 개념을 절대적으로 이해한다는 것이고, 다른 하나는 도덕의 개념과 요구가 경제 분야에 도움이 된다는 확신을 갖고 있다는 것이다. 공유경제는 사업가가 인간의 존엄성과 자율성 및 정의 등의 가치를 철저하게 믿고, 그 반대의 결과에 대한 위험을 알고 있다는 것을 증명한다. 이런 이유로 공유경제의 모델은 성장과 발전의 모든 요소를 갖고 있다고 단언한다."[7]

그러므로 포콜라레의 공유경제는 소비자본주의 시대에 인간에 대한 새로운 개념을 발견하게 해 주었다는 평가를 받고 있다. '사람은 줄 때 행복하다'는 사실이다. '주는 문화'는 단순한 캐치 플레이도 표어도 아니다. 인류가 살아가고 있는 현실이다. 이런 점에서 공유경제에서 이야기하는 모든 계획들이 크건 작건 특별한 의미를 지닌다고 할 수 있다. 이런 점에서 공유경제에서 이야기하는 모든 계획들이 크건 작건 특별한 의미를 지닌다고 할 수 있다. 빈곤을 퇴치하고 생산방법을 바꾸어 사람을 새로운 정신과 문화로 인식함으로써 인류복지와 사회문화적 조화와 생태학적 균형을 모색하는 것이다.

---

http://www.focolare.or.kr/primaex.htm.
7 "공유경제 학술회의 자료", 1998.04.29. 볼로냐 대학.
http://www.focolare.or.kr/primaex.htm.

IV. 생명을 살리는 수단으로서 돈의 기능

지금까지 살펴본 바, 돈이야말로 모든 사회관계 영역의 결절점(Knotenpunkt)으로서 거기에서 파생되는 문제를 경제학의 관점에서 접근하는 것에 대한 한계는 이미 충분히 밝혀졌다. 일부 학자들에 의한 사회학의 관점을 넘어 짐멜은 이미 철학적으로 고찰한 바 있다.

짐멜의 시대만 하더라도 자본과 돈의 관계가 동일하게 취급되지는 않았다. 교환의 수단인 돈에 의해 경제가 완전히 포섭된 오늘날과 같은 상황이 아니었다. 다시 말해서 자본이 돈 없이 존재할 수는 없지만 자본이 돈 자체는 아니라는 것이다. 토지자본, 지적자본, 정보자본 등도 분명히 존재하기 때문이다. 자본이 돈에서 생겨날 수는 있지만 그것이 돈과 동등한 지위를 가지는 것은 아니라는 뜻이기도 하다. 자본의 생산 과정은 교환 관계(구매)에서 시작되고 교환관계(판매)에서 끝나지만, 교환관계에서 자본이 생기지는 않는다(이마무라, 2007, 55-56).

경제학자로서 짐멜은 돈이 '편리한 도구'이기 때문에 사멸하지 않는 것이 아니라, 인간이 관계적 존재로 존재하는 한 관계의 결정으로서 화폐(돈, '도구'로서)는 인간의 숙명적 본질이기 때문에 사멸하지 않는다고 보았다. 돈은 더 이상 단순한 도구 이상의 것으로 간주되는 것이다. 도구는 대체 가능하지만 돈은 그렇지 않다는 말이기도 하다. 이제는 숙명으로서 '제도'가 되어버린 것이다. 인간이 소통 수단으로서 언어를 폐기할 수 없는 것처럼, 매개로서 돈 역시 폐기할 수 없다는 것이다. 돈의 형식은 자본주의의 지속성과는 상관없이 사라지지 않는다고 결론 내렸다.8 따라서 그의『돈의 철학』은 직접 밝힌 바, 돈 자체에 대한 연구보다는 돈이 어떻게 근대적 삶의 본질을 표현하는 가를 다룬 연구라고 한 바 있다. 오해의 소지가 생길 수도 있는 이 말은, 불행하게도 현대사회로 오는 동안 짐멜이 말한 것처럼 되어버리고 말았다. 돈이 근대정신을 가장 완벽하게 표현하고 있는 만큼, 근대의 사회관계가 점차 단절되고 파편화되어버린 만큼 추상적인 몰인격성을 띠고 있는 것이다. 즉 사회관계가 만들어내는 정신이 화폐 속에 고스란히 담긴 것이다. 짐멜이 말한 "사회적 삶이 화폐 관계에 지배될수록 의식적 삶 속에서 실존의 상대주의적 성격이 더욱 더 표출하게 된다"(Simmel, 1978[1907]; 잉햄, 2011, 138)가 입증된 셈이다.

이제 돈의 영역은 철학을 넘어서 교회가 주장하는 바, 윤리와 인류학, 인간학의 관점에서 접근할 시점에 다다른 것이다. 윤리가 결핍된 경제와 금융이 지배하는 한 불평등의 구조는 변화되기 쉽지 않을 것으로 보기 때문이다.

오늘날 화폐시장은 자본주의의 '총본부'가 되었다. 돈은 사회적 기술 가운데 가장 강력한 기술이지만, 이를 생산하고 통제하는 것은 특정한 화폐적 이해 집단들이며 그들은 본질적으로 불안정하다. 돈을 다양한 학문적 관점에서 접근해야 하는 이유가 된다. 소비자본주

---

8 이 점은 역사의 과정에서 그대로 입증되고 있다. 리라, 프랑 등 유럽의 통화가 하나로 모아지기 이전의 돈 자체는 사라졌지만, 그와 동일한 형식을 갖는 것으로서 돈은 여전히 존재하기 때문이다. 오늘날에는 전자화폐와 비트코인과 같은 가상화폐가 또 다른 세계를 예측하고 있다. 정보통신의 기술로 인해 새로운 통화 공간들까지 만들어지고 있기 때문이다.

의는 때로 인간이 명령을 내리는 것이 아니라 돈, 현금이 인간을 명령하고, 신이 아니라 돈이 지구와 인간을 보호해 준다고 현혹하기도 한다. 결국 모든 것이 '유혹'이라는 것을 세상의 중심에서 밀려난 후에야 깨닫게 되는 것이다.

그렇다면 돈이 절대적으로 나쁜 것일까? 그런 분명 아닐 것이다. 인간적 목적이 결여되고, 인간을 소비욕의 존재로 전락시키는 돈의 흐름과 자본주의를 질타할 뿐이다. 그리고 그 대안으로 앞서 살펴본 포콜라레의 공유경제를 드는 것이다.

포콜라레의 공유경제는 현대 산업사회에서 드러나는 인간의 소외문제를 전혀 다른 관점에서 바라보게 했다. 이윤추구를 극대화화는 과정에서 인간은 기업의 중심에서 밀려나고 이윤창출이 그 중심을 차지했다. 노조와 기업의 경영진이 첨예하게 대립하는 문제일 것이다. 그리스도의 최고 가르침인 "이웃을 사랑하라"는 계명을 다른 말로 하면 '인간존중'이다. 인간을 존중하는 기업, 이윤창출보다는 인간이 우선이라고 말하는 기업이 있다면 그것이야말로 이상적인 기업일 것이다. 그러나 인간을 중심에 두면서 기업이 이윤창출을 내지 못한다면 치열한 경쟁사회에서 퇴출될 수밖에 없다. 이윤도 창출하고 인간도 중심에 오게 하는 기업, 공유경제는 그 가능성에 대해 말하고 있다(송영웅, 2012, 115-116).

공유경제에 참여한 기업들에게 중요한 키워드 중 하나는 서로에 대한 사랑과 신뢰였다. 초대 그리스도교 공동체와 매우 유사한 초기 포콜라레 공동체의 모습을 경제활동에 접목시킨 것이다. '재화의 공유'는 그 명칭에서 알 수 있듯이, 초기 포콜라레 공동체의 생활방식을 보여주는 대표적인 특징이었다. 공유경제에 참여한 기업들은 포콜라레 공동체의 생활방식을 따르기 위해 기존 사업의 틀을 바꾸어야 했다. 직원들의 복지를 위해 더 많은 투자를 하고, 깨끗한 수익 창출을 위해 때로 더 많은 이익을 가져오는 계약이 있어도 옳지 않으면 거절해야 했다. 기업이 지출하는 전체 비용은 증가할 수밖에 없었다. 하지만 공유경제의 정신에 맞게 회사를 운영한 결과 사내 분위기가 좋아지면서 전통 자본 중심의 회사에서 취약하던 몇 가지 긍정적인 효과가 나타나기 시작했다.

첫째, 위기대처 능력이 크게 향상되었다.

둘째, 회사 내부는 물론 회사와 회사 간 관계가 높은 수준의 신뢰와 협동으로 이어져 결국 회사에 금전적인 큰 이득을 가져왔다.

셋째, 회사가 단순한 경제적 공간이 아니라 사회적 공간이라는 것을 알게 되었다(송영웅, 2012, 117-119).

이런 분위기에서 돈을 버는 경제활동은 새로운 계명인 '사랑'을 현대에 맞게 실천하도록 독려하는 행동양식으로 확장된다. 포콜라레의 이런 정신은 어느 날 하늘에서 뚝 떨어진 선물이 아니다. 시대의 변화에 항상 귀 기울이는 교회의 역사가 만들어낸 결과물인 것이다. 그렇기에 포콜라레 경제 공동체 내 기업들은 우수한 품질의 제품을 내놓아 세계시장에서 인정을 받고 있다. 그리고 그 정신은 점차 대형화되어가고 있는 교회에 새로운 사목 비전으로 제시된다.

한국교회가 추진해 온 소공동체 운동은 사목의 대상에서 한 사람도 누락시키지 않겠다는, 길 잃은 양 한 마리를 찾아 나선 목자의 마음으로 교회를 이끌어 가겠다는 의지의 표현이었다. 소공동체 운동과 함께 추진된 환경운동과 살림운동 역시 그 '근원'에는 복음적 가치를 삶 안에서 구현하려는 것이었다. 더불어 종교 공간에서라도 돈이 먼저가 아니라, '사람'이 먼저이고 그가 살고 있는 인류 공동의 집인 지구에 대한 인식을 확장시키고자 하는 것이었다.

돈에 관한 인문학적인 사고가 중요한 것은 바로 이런 활동에 사람과 돈의 떼려야 뗄 수 없는 관계가 존재하기 때문이다. 인간의 모든 활동 영역에서 필요한 것이 돈이기 때문에, 이 둘의 관계에 대한 주의가 언제나 요구된다. 인간에게 봉사하는 돈과 경제활동이어야 하지, 인간이 돈보다 하위에 있어서는 안 되기 때문이다. 그래야 돈이 죽음의 문화를 조성하는 부정적인 검은 물질이 아니라, 생명을 살리고 사회를 발전시키는 밝고 긍정적인 물질이 될 수 있을 것이다. 이런 점에서 포콜라레의 공유경제 시스템은 건강한 경제활동을 통한 돈의 순기능을 현대의 경제 시스템으로도 실현 가능하다는 것을 보여준 좋은 사례라고 할 수 있다.

V. 나가는 말

그리스도교의 본질은 현세를 하느님의 의지가 실현되는 장소로 변화시키는 데 있다. 한국 그리스도교가 이 사회의 현실과 변동에 능동적으로 참여해야 한다는 것은 이 사회가 지향해 나아가야 할 정신적 윤리적 좌표를 제시하고 그것의 실현을 위해 노력해야 한다는 것을 의미한다. 이런 점에서 한국교회는 자신의 현재 모습을 비판적으로 성찰하고 그에 대처하는 자기갱신의 작업이 선행되어야 할 필요가 있다(노길명, 1988, 115-116).

교회의 이런 자기성찰과 쇄신을 통한 복음화의 지향점은 경제활동으로 인한 돈과 교회, 돈과 인간의 관계에서도 지속적으로 성찰해야 할 부분이다. 신자 개인의 삶의 모든 범주는 물론 교회의 운영과 생활에서도 경제활동 혹은 돈의 존재는 불가분의 관계에 있기 때문이다. 그러나 소비자본주의 시대를 살아가면서 교회와 돈, 인간과 돈의 관계가 윤리적이고 도덕적인 관점에서 완벽하기란 참으로 어려운 일이다. 자본주의가 자본/돈 지상주의로 치달으면 치달을수록 하느님을 대체할 만큼 돈의 위상은 높아지고, 인간은 맹목적으로 그것을 좇는 존재로 하락하는 것이다.

이런 상황에서 가톨릭교회 안의 많은 신심단체들 가운데 경제모델로서 공유경제를 이야기하고 실천해 오고 있는 포콜라레는 독보적인 존재라고 할 수 있다. 포콜라레의 공유경제 모델은 인간에게 봉사하는 자본주의와 생명을 위한 수단으로서 돈의 기능이 어떠해야 한다는 것을 잘 말해주고 있다.

포콜라레는 자본주의를 부정하기보다는 현대 세계에서 경제제국주의를 건설하고 있는 다국적 기업과 대기업들의 모순과 불합리한 면을 비판함으로써 '주는 문화'로서 기업경영의 원칙을 이야기하는 것이다. 포콜라레 경제 시스템이 새로운 것은 바로 이 점 때문이다.

자신을 내어줌으로써 영생을 얻는 방법을 제시한 그리스도를 따라 줌으로써 없어지는 것이 아니라 혹은 스스로 고갈되는 것이 아니라, 오히려 더 풍성하게 채워진다는 것을 강조하는 한편, 그것을 입증해 보여주었다. 복음적 가난이 가난하게 살아가는 것이 목적이 아니라 나눔에 있다는 것을 행동으로 보여주는 것이다. '주는 것'은 복지나 자선과는 또 다른 차원으로 시장의 힘으로 가난과 실업, 환경, 장애, 질병 든 각종 사회문제를 근본적으로 해결하려는 노력이고, 새로운 형태의 기업정신을 말하기 때문이다.

소비자본주의 시대의 기독교와 경제정의[*]

이숙진 ― 이화여자대학교

I. 서론

이 글은 경제정의와 나눔의 가치를 실천해 온 기독교 전통과 교회 공동체를 탐구하여 소비자본주의 시대의 폐해를 넘어서는 길을 모색한다. 필자는 그동안 돈과 종교의 관계에 초점을 두고 소비자본주의 시대의 종교지형도를 그려왔는데, 이 논문은 그러한 문제의식의 연속선상에 놓여 있다. 필자가 추적한 바에 의하면 한국기독교 공간은 소비자본주의 문화와 긴밀히 연동되어 있으며 한국교회의 다

---

* 이 논문은 『원불교사상과 종교문화』 82집(2019.12.31) 429-459쪽에 게재되었다.

양한 신앙적 장치는 자본주의 사회를 강화하는 데 중요한 역할을 하고 있다. 즉 청부론(淸富論)과 성부론(聖富論)으로 대표되는 한국교회의 대중적 신앙담론은 소비자본주의 사회를 정당화하는 데 중요한 역할을 담당하고 있는 반면, 소비자본주의의 에토스는 한국기독교 공간에 깊이 침투하여 선교프로그램을 비롯한 교회 안의 다양한 신앙적 장치를 변형시키고 있다(이숙진, 2016, 81-115). 대중적 신앙담론의 수용자인 교인들도 물질적 욕망을 신앙적 언어로 번역한 교회의 재정적 가르침을 적극 받아들여 돈독한 신앙생활과 물질적 풍요를 동일시하는 경향이 있다. 그렇지만 한국기독교 공간에서는 소비자본주의에 대한 비판적 인식의 단초가 엿보이는가 하면 한국교회의 재정담론이 기독교 정신에 위배된다고 보면서 자본에 포획된 종교 공간에 틈을 내려는 징후도 발견되었다(이숙진, 2018, 248-291).

따라서 이 글은 이러한 징후적 특성에 착안하여 한국기독교가 소비자본주의 사회에 균열을 낼 수 있는 지점들을 좀 더 구체적으로 찾아보고자 한다. 이를 위해 2장에서는 신자유주의적 세계화와 소비자본주의의 확산이 한국 사회에 야기한 폐해를 살펴보고, 이와 연동된 한국교회의 현실을 살펴본다. 3장에서는 기독교 경전과 교회사에 나타난 나눔의 공동체 문화와 경제정의의 가르침에 주목한다. 즉 신자유주의와 자본주의에 침윤되기 이전 바이블과 교회 전통을 통해 확산된 자발적 가난의 영성이나 가난한 자와의 연대의식 등의 기독교 전통을 살펴본다. 4장에서는 소비자본주의와 무한경쟁을 부추기는 신자유주의의 반생명적 문화에 도전하면서 대안을 모색하는 신앙공동체 운동을 탐색한다. 즉 한국기독교 공간에서 막강한 힘을 발휘하는 자본의 논리에 포획되지 않으면서 공공적 가치를 추구하는 대안교회 운동과 기독교계 사회적 기업 운동에 주목한다. 이 운동들을 지렛대로 삼아 자본의 논리에 의해 파편화되고 죽임의 문화가 만연한 세계를 넘어서는 새로운 경제정의의 길을 모색해 본다.

II. 소비자본주의와 대중적 신앙담론의 친화성

1. 세계화와 소비자본주의의 확산

20세기 후반부터 본격화한 세계화는 시공간의 압축현상을 동반하면서 인류의 생활양식을 빠르게 표준화하였다. 수백 개의 인공위성이 쏘는 전파로 지리산 골짜기와 팔레스타인의 가자지구에서 같은 시간에 월드컵 경기를 시청할 수 있게 되는가 하면, 교통통신 인프라의 급속한 확대로 서아프리카의 외딴 마을과 같은 문명의 오지에도 태양열 집열판이 설치되고 있다.

소비자본주의는 이러한 세계화의 물결을 타고 전 지구적 차원으로 빠르게 확산되고 있다. 우리가 사용하는 전자기기의 부품은 미얀마, 베트남, 필리핀, 멕시코, 한국, 독일, 중국 등 여러 곳에서 생산되기에 정확한 원산지를 명시할 수 없을 정도로 자본은 이윤이 더 남는 곳으로 발 빠르게 이동하고 있다. 이로 인해 효율과 경쟁의 논리에 근거한 이윤추구를 지상의 과제로 삼는 초국적 자본의 힘은 더욱 거대화되어 가는 반면, 거대자본의 논리에 포획된 노동시장은 노동유연화의 이름으로 노동자의 불완전고용과 빈곤화를 촉진할 뿐이다. 이처럼 생산 공정의 분할-통합으로 특징지어지는 '생산의 세계화'와 이를 뒷받침하는 '금융자본의 세계화'는 소비규범과 패턴, 생활양식에 영향을 미치는 '문화의 지구화'와 맞물려 더욱 강고해지고 있다.

이러한 세계화의 흐름을 추동하는 것은 신자유주의 이데올로기다. 주지하다시피 신자유주의는 1970년대 이래 서구경제의 장기적 침체를 타개하기 위한 새로운 자본축적의 전략으로 등장하였다. 시장의 활성화를 꾀하기 위하여 국가의 개입을 최소화하고 자유방임적 경제정책을 통한 개인 이익의 극대화를 추구하는 이러한 신자유주의적 세계화의 명암은 뚜렷하다.

세계화 체제의 빛에 주목하는 이들은 비교우위의 상품무역이 증대되어 국가들이 상호이익을 얻게 되고 전 세계적으로 부가 증대된다고 주장한다. 이들은 세계경제체제에 합류한 중국과 인도의 사례를 들어 저개발국이 세계화에 발맞추면 절대빈곤과 실업 문제가 해결된다고 전망한다. 또한 세계화의 확산으로 정치적, 사회적, 문화적 상호공존이 심화되면서 글로벌 스탠더드에 따른 인권 및 환경 보호가 가능해지고, 평화공존 의식이 확산될 것이라고 주장한다(이인성, 2009, 204-217). 최근 중국 본토로의 범죄인 송환을 가능케 하는 홍콩 정부의 범죄인 인도법에 극렬히 저항한 홍콩의 시위대는 한국의 촛불시위문화를 모델로 삼아 주관단체와의 적극적인 교류를 시도하였는데 이러한 네트워크의 형성은 세계화의 효과로 볼 수도 있다(박은경, 2019.6.19).

그러나 신자유주의의 무한경쟁 시스템이 초래하는 파행적 결과를 보면, 세계화의 어둠의 깊이는 가늠할 수조차 없다. 신자유주의는 유연성을 핵심으로 한다. 민영화 및 자유기업체제와 더불어 '유연한 자본주의'는 자본주의 체제라는 말의 부정적인 어감을 감추기 위해 고안된 완곡어에 지나지 않는다. 유연성은 사람들에게 더 많은 자유를 주는듯한 착각을 불러일으키지만 무한경쟁 시스템을 작동시키는 기본원리이기 때문이다(리처드 세넷, 2002, 8-9). 경쟁력이 없는 기업을 손쉽게 정리하는 장치인 유연한 자본주의는 경쟁에서 낙오된 이들을 벼랑 끝으로 내몰고 있다.

이처럼 세계화는 명암의 측면을 갖고 있다고 볼 수 있지만 신자유주의와 결합한 소비자본주의에 주목해서 보면 무한경쟁에 근거한 이윤추구를 지고의 원리로 삼는 세계화는 빈부격차의 심화에 따른 사회의 양극화를 초래하면서 인류의 연대를 위협할 가능성이 더욱 크다.

2. 소비자본주의 시대의 대중적 신앙담론

한국 사회의 경우 신자유주의가 출현한 것은 1990년대 후반이다. IMF 사태를 계기로 한국 사회를 강타한 신자유주의의 파고는 경제 영역뿐 아니라 가족, 학교, 종교와 같은 다양한 공간에도 커다란 변동을 초래하였다. 시장화, 효율성, 노동유연화, 세계화를 표방하면서 한층 작아진 국가는 자본의 논리에 따라 공공기관의 민영화를 적극 추진하였다. 자본과 결탁한 국가가 공공성보다 이윤추구에 눈을 돌림으로써, 사회적 안전망은 급속도로 붕괴되었다. 세월호 사건은 공공성을 무시하고 사적 욕망만을 추구하는 신자유주의화가 어떠한 위험을 초래할 수 있는가를 극적으로 보여준 사건이다.

이윤의 극대화를 꾀하는 극소수의 부자를 만들어내는 대가로 다수의 가난한 자를 죽음으로 내모는 오늘의 세계는 맘몬이 지배하는 체제와 다르지 않다. 소비자본주의 체제에서는 불확실한 미래를 지켜줄 가장 든든한 무기로 등장하는 것이 돈이며 맘몬은 무소불위의 힘을 발휘한다. 대표적인 나눔의 공동체였던 종교 공간마저도 자본의 힘에 휘둘리고 있는 실정이다.

소비자본주의가 본격화되던 1990년대 후반, 한국기독교 공간에서는 신앙인이 걸어가야 할 바람직한 삶의 길이 '자발적 가난'인지 '깨끗한 부'인지를 두고 첨예한 논쟁이 일어났다. 이른바 청빈론(淸貧論) 대 청부론(淸富論) 논쟁이다(이숙진, 2016, 82-83). 전자는 역사적 예수와 예수운동을 본받은 자발적 가난이야말로 기독교신앙에 합당한 삶이라고 주장했다. 후자는 부를 신이 준 축복으로 해석하면서 돈을 벌거나 사용하는 과정이 깨끗하면 기독교인으로서 부자가 되는 것이 문제가 되지 않는다고 주장했다. 물론 돈 버는 과정이 깨끗하지 않다면 '청부'가 될 수 없다. 깨끗함에 위배되는 돈벌이는 도둑질, 도박, 투기 등 불로소득, 부정축재 등이다. 뿐만 아니라 깨끗한 부자가 되기 위해서는 번 돈을 올바르게 분배하는 것이 매우 중요하다. 번 돈은 신, 이웃, 자신의 몫으로 정확하게 배분해야 한다. 아무리 자신의 몫이 많다고 해도 신과 이웃의 몫을 탐하지만 않는다면 신앙적으로 문제될 것이 없다는 주장이다.

깨끗한 부에 대한 이러한 신앙적 담론은 신과 맘몬 중에서 양자택

일을 요구하던 예수의 단호한 가르침보다 한국교회에 더 깊이 파고 들었다. 청부론에 의하면 돈과 신앙 중 어느 하나를 포기하지 않아도 되며, 당당하게 풍요를 누리면서도 신실한 신앙인으로 살 수 있기 때문이다. 소비자본주의가 확산된 시기에 한국교회에 유통된 청부론은 돈 버는 과정과 쓰는 과정의 깨끗함을 강조하면서 중산층 교인들에게 새로운 '부의 윤리학'이 될 수 있었다. 이는 산업화 시기 한국교회의 성장주의를 견인해 낸 '삼박자 구원론'과는 구별된다. 군사정권이 추진한 새마을운동의 '잘 살아보세' 구호와 공명한 '예수 믿고 잘 살자'는 신앙 언어는 한국교회에 물질적 풍요와 신앙 사이에 친화력을 초래하였으며 이는 영혼의 구원, 생활의 복, 건강의 복으로 수렴되는 삼박자구원으로 대변되었다.

청부론은 돈 버는 과정의 정당성에 침묵한 이러한 삼박자 구원론과는 구별되지만 신자유주의 원리와는 조응하는 측면을 지닌다. 지난 30년간 글로벌 정치경제 질서의 중심이 된 신자유주의는 어떤 조건에도 구애받지 않고 스스로가 설정한 목표를 추구할 개인의 자유를 강조해 왔다. 그 결과 성공과 실패의 책임은 자유 경쟁하는 개인의 몫이 되었다. 국내외적 경제위기 속에서 출현한 청부론은 "예수 믿는 우리가 궁극적으로 욕심내고 도전해야 할 것은 우리가 부자 되고 강한 자가 되어서 예수 믿는 사람답게 사는 일"이라고 하면서 신자유주의의 경쟁 논리와 조응하는 측면을 보이고 있다.

깨끗한 부자담론이 16세기의 청교도처럼 정직, 근면, 성실, 절약의 덕목과 윤리를 강조하면서 중산층의 '부의 윤리학'으로 기능했다면, 세계금융위기 이후 한국교회 공간에서 인기를 구가한 성스러운 부자담론 즉 '성부론'은 파산과 신용불량을 겪고 있는 이들의 열렬한 호응을 받고 있다. 직장과 금융 자산의 만연된 불안정성으로 인해 오늘날은 어느 누구도 파산의 위험으로부터 안전하지 못하다. 따라서 성부론은 채무관리와 신용관리, 나아가 금융위기의 관리를 신앙적 언어로 번안하는 주체들에 의해 널리 생산, 유통되고 있다.

성부론의 논리는 간단명료하다. 이 논리에 의하면 하나님은 부자이니 떼먹힐 위험이 없다. 따라서 '하늘은행'에 적금하고 투자하는 길이 안전하다. 이때 금융행위는 수입의 십분의 일인 십일조와 각종 헌금 행위를 뜻한다. 하늘에 잔고가 넘칠 때 세상에서 하나님의 축복(이자)도 넘칠 수 있다. 가난의 이유는 단 하나, 십일조를 하지 않았기 때문이다. 따라서 신실한 신앙인은 부자가 될 수밖에 없고, 신잉생활에서 중요한 실천은 돈을 하늘은행에 투자하는 것이다. 실제로 성스러운 부자담론의 핵심 담지자인 크리스천 재정학교의 참가자들은 "하늘은행에 입금하면 이자율이 3000%"라는 가르침을 진리로 받아들인다(이택환, 2014.2.5.). 이처럼 '거룩한 부자'는 금융위기에 그림자처럼 드리운 두려움을 '비합리적' 장치 곧 기도와 믿음을 통해 극복하려는 금융적 주체의 신앙적 버전이다.

한국기독교 공간에서 물질적 욕망이 종교 언어로 번안되면서 신성성을 획득한 사례는 적지 않다. 십일조와 헌금은 반드시 내 몫으로 되돌아온다는 '하늘통장론'과 실제로 몇 곱절의 이자로 돌아왔다는 '신앙 간증'이 대표적인 사례다. 세상에서 가장 많은 십일조를 드릴 수 있게 해달라는 간절한 기도가 크리스천 재정학교에서 자주 목격되는데 이는 세상의 최고 부자가 되기를 바라는 욕망의 신앙적 번안일 뿐이다. 이처럼 거룩한 부자담론은 소비자본주의 시대의 대중적 신앙담론으로 소비되고 있다.

지금까지 살펴보았듯이 소비자본주의 시대의 한국기독교의 공간에서 등장한 부에 대한 담론은 구조악에 대한 이해를 결여하고 있다. "능력이 없어서 가난해진 사람들"이라든가 "분수에 맞지 않게 쓰다가 큰 빚을 진 사람들"(김동호, 2003)이란 표현은 산업예비군이 구조적으로 생길 수밖에 없는 자본주의의 본질이나 세계금융시장의 모럴 헤저드(Moral hazard)가 신용불량자 생산의 가장 큰 원인임을 간과한다. 깨끗한 부자담론이나 성스러운 부자담론이 대중적 신앙인들에게 호소력을 발휘한 것은 소비자본주의에 최적화된 신앙담론이기 때문이다. 헌금을 더 많은 돈을 벌기 위한 종잣돈(seed money)으로 변환시킨 종자믿음(seed faith)이나 구원의 징표를 현세적 성공에서 찾는 것은 공동체적 나눔의 종교라기보다는 자본주의의 종교다. 종교가 자본주의와 공명하는 동안 가난한 이들을 향한 경제정의의 신앙전통은 망각되고 교회는 점점 개교회의 성장주의에 매몰되어 간다.

역사적으로 보면 종교는 지배체제의 유지와 강화 역할을 담당하기도 했지만 사회변혁의 구심점 역할을 하기도 했다. 소비자본주의 논리에 침윤되어 현세적 물질적 풍요만을 추구하는 오늘날의 대중적 신앙을 극복하기 위해서는 나눔과 상생의 공동체를 구현한 '오래된 미래'를 기억할 필요가 있다. 따라서 다음 장에서는 기독교의 역사에 나타난 부의 나눔과 분배의 전통을 살펴본다.

III. 서구 기독교사에 나타난 공동체 경제

부와 분배에 관한 기독교의 가르침은 시대와 지역에 따라 다양한 모습을 보여 왔다. 경제적 풍요를 신이 준 선물로 해석해 온 전통과 신과의 관계를 가로막는 장애물로 보는 전통이 공존해 왔다. 가난역시 윤리적 삶의 징표로 간주되는가 하면 불신앙의 징후로 여겨지기도 했다. 오늘날의 한국교회에서도 예수 믿고 잘 살자는 주장과 예수 닮기 위해 부를 추구해서는 안 된다는 주장이 격돌하고 있다. 좀더 구체적으로 살펴보도록 하자.

1. 바이블의 경제정의

히브리 바이블에는 물질적 풍요를 신의 선물이나 축복의 표상으로 여기는 경우가 종종 등장한다. 유대-기독교와 이슬람교에서 공히 믿음의 조상으로 여기는 아브라함은 신의 축복을 받아 큰 부자가되었다(창세기 24:35). 왕정 시대의 솔로몬 왕도 엄청난 물질적 풍요를 선물로 받았다. 극심한 고통을 겪으면서도 신에 대한 굳건한 믿음을 지킨 욥의 이야기도 결국 많은 재물과 풍요로운 삶을 얻은 것으로마무리되었다(욥기 42:10-17).

그러나 히브리 바이블의 핵심 가르침은 신을 믿는 자에게 늘 차고 넘치는 물질적 풍요가 허락되는 것이 아니었다. 재물의 소유 정도를 제한하는 것이 히브리법의 핵심이다. 이집트에서 탈출한 히브리노예들이 광야생활을 할 때 주식이었던 '만나'는 대표적인 사례다. 젖과 꿀이 흐르는 약속의 땅인 가나안으로 들어가기 전에 그들이 머물 렀던 광야는 먹을 것이 없는 척박한 땅이었다. 일용할 양식은 오직 신 이 내려준 만나였다. 이때 누구든 각자 하루 먹을 만큼의 만나를 거두 어야 했는데, 만약 다음날 먹을 것을 염려하여 더 많이 챙겨 거두면 썩었다(출애굽기 16:14-36). 바이블의 본문에 따르면 제각기 먹을 만 큼만 거두어들였기 때문에 남거나 모자라지 않았다. 히브리인의 역 사에서 만나의 사건은 일용할 양식만을 구하라는 뜻으로 그 이상의 것을 축적하면 탐욕이라는 가르침으로 해석되어 왔다.

물론 "도둑질하지 말라"는 십계명의 조항이나 이웃의 재산에 피 해를 입히면 보상하도록 한 규정은 고대 히브리 사회가 사적 소유를 허용하였음을 짐작케 한다. 그럼에도 불구하고 히브리의 법은 생존 권과 소유권이 충돌할 때는 약자의 생존권을 우선시하였다. 남의 과 수원 침범하면 10세겔을 배상하도록 한 리피트-이쉬타르(Lipit-Ishtar) 법이나, 남의 과수를 훼손하면 그루당 '은 1/2미나'을 배상하 도록 명시한 함무라비 법처럼, 기원전 18-17세기의 근동 지역의 법 은 소유주의 소유물을 지키는 데 초점을 두었다. 반면 히브리 바이블 은 가난한 자에 대한 우선적 관심을 보였다. 동족 간의 땅의 공평한 분배(민수기 26:52-56), 땅 사용권의 한시적 매매 허용(레위기 25:15) 과 같은 제도에서 경제정의에 입각한 분배의 실현을 지향한 강력한 의지를 읽을 수 있다. 물질의 정의로운 분배를 제도화한 대표적인 것 은 희년법이다. 희년은 7번의 안식년이 지나고 그 다음해인 오십년 (7×7+1=50)마다 찾아오는 해다. 따라서 희년은 그 땅에 거주하는 모든 이가 온갖 속박에서 벗어나는 글자 그대로 기쁜 해[禧年]다. 빚 때문에 종살이를 하던 이들도 이 해가 되면, 종의 신분에서 벗어나 빼앗긴 조상의 땅을 되돌려 받을 수 있었다(레위기 25:10, 28). 물론 고대 근동 지역의 국가들에서도 물질의 재분배를 통해 사회를 개혁하려는 법이 있었지만, 히브리 바이블은 갚을 수 없을 정도의 빚을 주기적으로 청산해주고, 빚으로 인해 노예가 된 자들을 고향으로 돌아가도록 하는 희년법을 지녔다는 점에서 독특성을 지닌다. 이러한 법은 특정한 계층에 부가 몰리는 빈익빈 부익부 현상을 신의 법에 위반되는 행위로 간주하였음을 보여준다. 이처럼 더 많은 부를 축적하려는 인간의 탐욕을 경계함으로써 정의로운 공동체를 실현하려는 의지가 이 법에 담겨있다. 요컨대 희년의 핵심 원리는 풍요가 아니라 정의와 공평이며, 이를 실천하는 구체적인 방법은 부채 탕감, 노예해방 그리고 토지에 대한 권리 회복인 것이다.

기독교 바이블에 나타난 예수의 가르침에는 부에 대한 부정적 가르침과 경고가 많다. 예를 들면 부자의 구원 가능성이 매우 낮다(마가복음 19:24)는 경고나 물질적 풍요에 기대어 위안을 받는 부자들에게는 화가 닥칠 것이라는 경고(누가복음 6:24)가 보인다. 또한 도둑맞거나 평가절하 될 가시적 재산을 축적하기보다는 더 큰 가치를 위해 사용할 것을 권고한다든가(마태복음 6:19) 물질적 풍요보다 생명이 더 소중하니 탐욕에 사로잡히지 않도록 스스로 조심할 것을 당부하였다(누가복음 12:15).

이처럼 여러 본문에서 볼 수 있듯이 부에 대한 예수의 가르침은 매우 신랄하다. 신이냐 재물이냐(마태복음 6:24)의 양자택일을 단호하게 촉구한 예수는 가난한 자들에게 새로운 삶의 길을 제시하였다.

세상의 가치체계와 위계질서를 전복시키면서, 가난으로 정결법을 지키지 못해 경멸당하고 죄인이 될 수밖에 없었던 떠돌이 난민들에게 신의 나라는 그대들의 것이라는 파격적인 메시지를 던졌기 때문이다. 가르침뿐만 아니라 역사적 예수 자신의 삶의 방식도 매우 급진적이다. 기독교 바이블에는 자신을 따르려면, 스스로의 십자가를 지고 따르라고 한다. 이때의 십자가의 삶은 고통과 고난의 길이다. 예수의 제자가 되기 위해서는 세상적 가치와 관심을 전적으로 포기해야 한다. 예수의 가르침과 생애가 기록된 복음서에는 'afiēmi'라는 단어가 자주 등장하는데 떠남과 포기의 의미를 지닌 용어다(서중석, 2001, 97). 즉 여태까지 살아온 삶을 떠나 험한 고난의 길을 기꺼이 걸어간다는 결단을 뜻한다. 바이블은 예수의 어부였던 첫 제자들이 유일한 생산수단인 그물과 가족들을 남겨두고 예수를 따랐다고 보도한다. 가진 것이 많은 자들은 "모든 것을 버려야"(마가복음 10:28) 함에도 그럴 수 없어서 예수를 따름에 실패할 수밖에 없었던 것이다.

2. 서구 기독교사에 나타난 경제정의

1) 예수운동과 초대교회

예수와 그 제자들이 활동할 당시 로마제국의 질서는 팔레스타인의 작은 마을에까지 침투하였다. 제국의 질서는 군사적 압박과 경제적 착취를 통해 이 지역의 전통적인 질서와 가치를 무너뜨렸다. 복음서는 삶의 길을 잃어 사회적으로 무능력해진 오클로스(민중)가 과중

한 세금과 빚으로 인해 종으로 팔려가고 토지 강탈과 굶주림으로 인해 가족과 마을 공동체가 급속히 해체되는 위기 상황을 증언하고 있다(Horsley, [2003] 2004, 207).

예수운동은 제국의 폭력적 세계에 부지불식간에 휘말리면서 발생한 신체적 상처와 정신적 트라우마를 치유하였다. 이 운동은 사회적 주변인들에게 희망의 세계를 제시해 줄 뿐만 아니라 로마군대 귀신으로 표상된 내면이 파괴된 자들을 회복시키는 구체적인 실천행위도 수행하였다. 예수가 선포한 신의 나라는 폭력적 제국질서와는 완전히 다른 가치체계를 지닌 세상이었다. 이처럼 예수운동은 제국의 지배 논리에 의해 파괴된 갈릴리 촌락 공동체의 전통적인 상호호혜적 관계를 회복시키고자 했으며, 궁극적으로는 제국의 통치에 의해 내면까지 부서진 민중의 마음을 회복시켜 주체적 삶을 영위하도록 이끌었다(Horsley, [2003] 2004, 186-190). 맘몬이 지배하는 세상에서 신과 맘몬을 동시에 섬길 수 없다며 양자택일을 주문했던 예수의 급진적 운동은 오늘날에도 유효하다.

예수운동이 팔레스타인 농촌마을을 떠돌며 새로운 공동체적 질서를 가져올 신의 나라 운동에 동참할 것을 촉구했다면, 바울이 중심이 된 초대교회 공동체 활동의 중심은 예수였다. 초대교회의 분위기를 보여주는 사도행전의 기록에 따르면, 가가호호 돌아가면서 빵을 떼어 순전하고 기쁜 마음으로 함께 먹을거리를 나누어 먹으며 신을 찬양하였다(사도행전 2:44-47). 공동체 구성원은 자신들이 소유했던 자원을 팔아 공동체 생활비로 보탰고, 물건은 필요한 사람에게 나누는 등 소유물을 공동으로 사용하였다. 요컨대 초대 공동체 구성원들은 필요할 때마다 땅과 집을 팔아 자발적으로 함께 나누는 경제적 공동체 곧, 코이노니아(Koinonia)를 통해 히브리 바이블의 희년사상을 실천하였다.

4세기경에 접어들면, 반사회적 반국가적 집단으로 비쳐 로마제국에 의해 탄압을 받던 기독교가 로마의 종교관용법의 혜택을 받게 되었다. 로마제국의 한 종교로 인정받게 되자 기독교 교회는 재산과 권력을 소유할 수 있게 되고, 상층계층이나 지식인도 교회에 들어오게 됨으로써 코이노니아를 지향하던 경제적 신앙 공동체의 특성은 점차 희미해졌다. 탄압이 종식되면서 기독교인으로 살아도 위험할 것은 없어졌지만 신앙적 정체성은 급속하게 약화되었다. 초기의 공동체 윤리는 서서히 해체되고 가부장적 위계질서와 제도화로 인해 신앙의 형식화 현상이 나타났는데 이에 저항한 일군의 새로운 신앙 공동체가 등장하였다. 바로 수도원 운동이다. 수도원 공동체는 금욕과 청빈의 삶을 강조하면서 부에 대한 탐욕을 통제하기 위한 방안을 마련하였다. 초기 교부들도 교회가 물질을 탐하는 유혹에 빠지지 않도록 탐욕의 위험성을 가르쳤으며, 가진 자라 할지라도 자발적 가난의 길 곧 청빈의 삶을 추구함으로써 신앙인의 모범이 되었다.

밀라노의 교부 암브로시우스는 물질적 부 자체는 악한 것이 아니나 어떻게 사용하는가가 중요하다고 하면서, 만약 부를 합당하게 사용할 줄 모른다면 죄라고 주장했다(Gonzalez, 1984, 189). 황금의 입이란 별칭이 있을 정도로 설득력 있는 설교자였던 크리소스톰(John Chrysostom)은 모든 창조물의 선함을 인정하였지만, 인간이 재물에 사로잡히는 것은 물신숭배라고 가르쳤다. 밖에 있는 가난한 자가 곧 그리스도라는 급진적 설교를 했던 그는 땅은 모든 사람이 공기처럼 누구나 사용할 수 있는 것이라고 하면서 토지에 대한 만민의 평등한 권리를 주장하였다. 초대교회와 중세교회의 가교 역할을 하였던 교회지도자 어거스틴은 물질적 자원의 목적은 소유하거나 긁어모으는 데 있는 것이 아니라 '사용하는 것'임을 환기시켰다. 만약 사용해야 할 것을 축적하는 것에 목표를 둔다면 죄라고 가르쳤다.

2) 중세교회

서유럽의 종교로 확산된 중세의 기독교는 수도원 정신에 따라 자발적 가난을 강조했다. 그러나 수도원 정신에 입각한 신앙생활의 목표는 세상과 분리된 영적 생활의 추구로 귀결되었고 세상일에 대해 부정적 태도를 취했다. 현세보다 내세에 관심을 기울이면서 초대교회가 지향했던 공동체 의식은 약화되고 개인적 신앙의 경향이 팽배하였다(Gonzalez, 1984, 277-279). 다른 한편, 10세기에 들어서면서 수도원은 점차 귀족들의 안녕을 대신 빌어주는 검은 옷의 기도전사 역할을 하면서 후원이나 기부금으로 막대한 봉토를 소유하게 되었다(Gonzalez, 1984, 278). 금력과 권력이 집중된 교회 공간은 점점 무소유나 공동 나눔이라는 기독교 정신과 멀어졌다. 중세 말기에는 부를 축적하기 위하여 성직매매와 면죄부를 강매하는 사태까지 일어났다. 이처럼 중세 교회의 현실은 물질에 매우 탐욕적이었으나 신학적으로는 여전히 성서적 가난과 구제를 강조하는 이율 배반성을 보였다.

중세의 대표적 신학자인 토마스 아퀴나스(T. Aquinas)는 법을 영원법, 자연법, 인정법(人定法)의 셋으로 나누었다. 물질의 소유와 관련해서 보면 영원법은 세상 물질이 모두 다 신에 속한다는 것이며, 자연법은 세상 물질이 개개인의 것이 아닌 공동체 구성원 모두의 것이라는 명제다. 이에 반해 인정법은 개인의 소유를 인정한다. 이러한 세 법 사이에는 위계가 있는데, 가령 인정법은 자연법에 어긋나면 안 된다. 자연법은 영원법에 어긋나면 효력을 잃는다. 따라서 개인 소유권의 주요 내용이 되는 취득과 관리, 처분의 권리는 인정되지만 모든 것은 신의 것이라는 영원법과 모든 것은 공동체 모두의 소유라는 자연법의 제약을 받는다. 이에 따르면 자신의 것이라고 해도 이웃과 함께 나누어 누릴 생각을 하지 않는 것은 죄를 짓는 행위가 된다. 또한 자기 소유라고 해도 과도하게 소비하는 것은 강도짓이라고 보았다. 부자에게는 도둑질의 의미가 과소비에도 적용될 정도로 폭넓게 해석된다. 먹거리가 없어 끼니를 거르는 가난한 사람이 있다면, 부자의 소유를 허락하는 인정법은 해체되어야 한다. 대신 상위법인 자연법의 원리에 따라 공동체의 일원인 가난한 사람을 구제하는 데 쓰여야 한다. 이러한 논리는 가난한 사람이 생존의 위기에 처했을 때 남의 것을 가져다 쓰는 것은 도둑질이 아니라는 결론으로 이어진다. 본래 세상 만물은 신의 것이기 때문에 가난한 사람이 생존을 위해 남의 물건을 취한 것은 도둑질이 아니라 자기의 것을 찾는 행위로 해석되기 때문이다(신치재, 2014, 413-448).

3) 종교개혁

십자군 전쟁과 르네상스 이후 중세 장원제는 위기를 맞게 되고 16세기에 이르러 종교개혁의 물결이 거세졌다. 이 시기는 중세 봉건제에서 근대 상업·산업사회로 이행하는 전환기였다. 장 칼뱅(John Calvin)의 개혁파 종교개혁은 중세교회의 사제주의와 성속 이원론을 비판적으로 해체했을 뿐만 아니라 새로운 경제관을 제공하였다. 앞서 살펴보았듯이 중세기독교는 비록 금권에 침윤된 시기도 있었지만, 원칙적으로는 청빈을 이상적 신앙인의 경제윤리 지표로 삼았다. 반면 칼뱅주의는 청부(淸富)의 가능성을 제시함으로써 물질관의 변화를 가져왔다. 칼뱅의 종교개혁은 성속 이원론과 사제주의로 특징지어지는 중세의 신앙적 신조를 개혁했을 뿐만 아니라 경제문제에도 관심을 가졌는데 이는 상업·산업사회에 부합하는 쪽으로 확장되었다.

칼뱅의 경제윤리는 구원론에 기초해 있다. 그에 의하면 구원받은 그리스도인은 삶의 모든 영역에서 신의 뜻에 따라야 하며 경제적 영역에서도 마찬가지다. 세상 만물의 주인은 인간이 아니라 세상을 창조한 신이다. 인간은 신을 대신하여 관리하는 자에 불과하다. 욕심대로 물질적 풍요를 누리며 사는 삶은 관리자의 바른 태도가 아니라는 것이다. 초대교회 구성원들이 자신의 재산을 팔아 가난한 자들을 위한 구제에 최선을 다했듯이, 신앙인들은 사유재산을 사회의 공공선을 위해 사용해야 한다고 주장했다. 그러면서도 칼뱅은 초대교회가 공동소유만 한 것은 아니라는 점을 들어 개인 소유도 인정했다(이

오갑, 2014, 15). 그렇지만 가난을 야기한 그릇된 법과 구조를 방치하는 것은 신앙인의 태도가 아니라고 가르쳤다. 또한 근검절약하여 얻은 깨끗한 부에 대해선 신의 축복으로 해석했지만 토지를 사유하여 불로소득으로 부를 축적한 부자들에 대해서는 신랄하게 비판하였다(이오갑, 2017, 15). 이러한 면에서 볼 때 그의 사상은 일정한 연한이 되면 땅을 회복하고 빚을 탕감해 재산이 사회적 억압의 수단으로 탈바꿈하지 않도록 했던 희년 정신의 회복을 강조했던 것으로 보인다.

막스 베버(Max Weber)는 『프로테스탄티즘의 윤리와 자본주의 정신』(1906)에서 칼뱅주의의 윤리적 지침이 자본주의 정신과 친화성을 띠면서 자본주의의 발흥에 중요한 역할을 수행하였다는 가설을 발표하였다(Weber, 2010). 이 가설에 의하면 중세 기독교에서는 신의 소명(vocation)이 성직자나 수도사 등 교회 엘리트의 직분을 의미하며, 신이 준 은사(재능)는 경건한 성직자에게만 해당하는 것으로 이해되었다. 그 결과 직업에 따른 위계의식과 귀천 의식이 초래되었고, 농민, 노동자, 상인 등 생업에 종사하던 이들은 자신의 직업에 긍지를 가질 수가 없었다. 그러나 종교개혁자들은 소명이란 생업을 의미하며 재능은 이 세상에서 맡은 일을 효과적으로 수행하기 위해 신이 주신 능력으로 가르쳤다.

이처럼 칼뱅주의는 세상의 생업에 귀천이 없기에 각자의 소명에 충실함으로써 신의 영광을 드러내야 한다는 직업소명설을 가르치는 동시에, 이미 구원받았다는 확고부동한 믿음에 근거하여 신앙인들은 매우 엄격한 윤리적인 생활을 할 것을 독려하였다. 나아가 각자신의 소명에 따른 일터에서 근면성실하게 일해서 정직하게 번 돈을 함부로 낭비해서는 안 된다고 가르쳤다. 이러한 방식으로 재산을 축적하는 일은 죄가 아니며 구원의 장애가 되는 것도 아니라는 것이다. 이러한 노동윤리와 물질관으로 인해 종교개혁의 사상이 확산된 지역에서는 자본의 본원적 축적이 가능했다는 것이다(베버, 2010, 71-100). 요컨대 베버에 의하면 칼뱅주의는 부(富)를 하나님의 축복의 징표로 해석함으로써 이윤 추구라는 경제적 동기를 허용하였고, 이것이 자본주의의 태동에 긍정적 영향을 미쳤다. 왜냐하면 자본 축적을 위해서는 성실·근면·절제·시간 엄수 같은 노동윤리가 필요한데, 종교개혁파의 소명의식과 금욕적 훈육이 이러한 윤리를 정당화하고 고무하는 역할을 하였기 때문이다.

IV. 한국기독교 공간의 공동체 운동

지금까지 살펴보았듯이 서구 기독교의 역사는 부의 축적과 분배 문제를 둘러싸고 다양한 견해와 입장을 보여 왔지만 나눔의 가치와 경제정의의 실현을 위한 풍부한 신학적 자원을 내장하고 있음을 알 수 있었다. 이제 우리 사회로 눈을 돌려 한국기독교의 공간에서 나눔의 가치와 경제정의의 실현을 위한 몸짓이 어떻게 나타나고 있는지를 지역공동체의 구축을 꾀하는 대안교회 운동과 기독교 기반의 사회적 기업운동을 중심으로 살펴본다.

1. 대안교회 운동

주지하다시피 군사정권하 개발독재로 특징지어지는 산업화 시대의 교회성장주의와 경제성장주의는 깊이 연동되어 있다. 1960년대 이후 산업화 단계로 접어들면서 이농향도가 불가피해지자 교회는 도시빈민으로 편입된 이농민들에게 심리적 터전을 제공하였고 그 과정에서 급성장을 할 수 있었다. 1970년대부터 본격화된 압축적 산업화와 급속한 도시화는 수많은 사회문제를 낳았고 기층민중의 생존권과 인권 침해는 심각한 문제로 등장하였다. 전태일 열사의 분신사건을 계기로 '민중 사건'를 목격한 대학생과 지식인들을 중심으로 기층민중의 생존권 및 인권수호를 위한 다양한 운동이 전개되었다.

이 시기에 등장한 민중교회는 성장주의를 지향한 주류교회와 달리 지역의 가난한 자와 함께 하는 생활공동체 운동을 전개하였다. 사회적 약자와 억압받는 이들의 편에 서고자 했던 민중교회 운동은 처음부터 공(公)의 질서를 공(共)의 실천을 통해 실현한다는 뚜렷한 목표를 내세웠다. 민중신학이 천착한 공(公) 개념을 민중교회의 신학적 기반으로 삼았던 것이다.

민중신학의 공(公) 개념과 대립하는 것은 사유화다. 창세기의 타락설화에서 죄의 기원을 해석해낸 민중신학자 안병무는 인간이 선악과를 따먹은 사건을 신의 영역을 침범한 행위 곧 공(公)을 파괴하는 행위로 보았다(안병무, 1987, 203). 세상 만물은 창조자 신의 것인데 이를 사유화하려는 인간의 욕망을 본 것이다. 그의 신학에 의하면

공(公)을 물질적 차원에서 사유화하는 죄는 대립과 약탈, 갈등과 분쟁의 씨앗이 된다. 마찬가지로 정치권력의 차원에서 권력을 사유화한 결과 국경이 고착되고 전쟁과 폭력, 노예제도 등이 초래되었다(안병무, 1987, 204-205). 이처럼 민중신학의 공(公) 개념은 단지 물질적 차원에 머무는 것이 아니라 국제적·정치경제적 차원으로 확대된다.

민중교회는 이러한 민중신학적 사유의 영향을 받으면서 대안적 교회공간의 역할을 수행했다. 주류교회가 값싼 은혜와 축복을 기대하며 기복신앙으로 경도되어갈 때, 민중교회는 정반대의 길을 택한 것이다. 주류교회가 자본주의적 가치를 좇아 교회의 외형을 늘리는 교회성장 지상주의로 치달을 때, 민중교회는 소외된 개인들의 생활공동체 운동을 통해 공(共)의 가치를 실천하고자 하였다.

1970년대부터 2000년에 이르기까지 빈민지역에서 일어났던 주민운동을 채록한 『마을공동체 운동의 원형을 찾아서』에는 민중교회가 자본친화적 주류교회와 얼마나 다른 지향점을 지니고 있었는지 잘 드러나 있다.

저소득층 지역에서의 사회운동, 즉 지역 주민을 조직하는 운동은 철저히 주민의 이해와 욕구에 기반을 두어야 했기 때문에 주민의 생활상의 문제를 세심히 관찰하고 살피는 데서 시작되었다. (중략) 아이들을 맡아 탁아소를 운영하면서 엄마들의 모임을 조직했고 '어머니학교'를 개설하기도 했다. 노동자 야학을 여는가 하면 청소년 독서 클럽을 만들었고, 때로는 지역청년회를 조직하기도 했다. 외부의 의대생 봉사자를 모아 주말 진료소를 운영하기도 하고 신용협동조합을 설립하기도 했다. 이러한 과정에서 이른바 '민중교회'는 주민을 위한 공간과 프로그램을 만드는 데 많은 기여를 했다(빈민 지역운동사 발간위원회, 2017, 36-37).

주류교회가 대형교회를 꿈꾸며 양적 성장을 도모하면서 교회 밖의 사람들을 교회 안으로 끌어당기는 전도사업에 매진하는 동안, 민중교회는 교회 밖으로 나가 시민사회운동의 형태로 공공성의 가치를 확장하는 방식을 취한 것이다.

산업화 시대의 성장주의에 매몰된 주류교회의 대척점에 민중교회 운동이 있다면, 후기산업화시대의 대형교회의 대척점에는 '작은 교회' 운동이 있다. 2000년대 중반에 등장한 작은교회 운동 역시 소비자본주의에 침윤된 종교 공간에 대한 대안교회 운동이라 할 수 있다. 여기에서 작은 교회는 교회의 크기나 규모에 따른 개념이 아니다. 성장주의를 지지한다면 아무리 작은 규모라도 작은 교회라고 할 수 없다. 반면 교회 공동체가 지역사회와 신앙공동체 안에 생명의 네트워크를 형성하고 있다면 그곳은 작은 교회다. 작은 교회의 대척점에 있는 대형교회가 문제적인 것은 자본의 논리에 복무하느라 사회와 신앙공동체의 생태계를 파괴하기 때문이다. 그러기에 교회와 지역에 맘몬의 논리가 아닌 생명의 가치를 생성하고 확산한다면 작은 교회의 목표를 실현한 것이다.

민중교회가 민중신학을 신학적 기반으로 삼았다면 작은교회운동은 '공공신학'에 기대어 있다. 구체적으로는 마을만들기 사업과 사회적 기업이나 협동조합 등 경제정의를 실현할 방도를 구상하고, 이를 통해 지역사회의 복지 생태계, 학습 생태계, 문화 생태계를 활성화하는 목표를 가진다(이원돈, 2013).

종교가 중심이 된 공동체 운동은 신앙적 정체성의 강화에 총력을 기울이는 경향이 강하다. 일차적으로 튼튼한 조직을 구축한 후 이상을 실현하려는 전략이다. 그러다보니 강한 종파성을 띠게 되면서 공동체 운동의 핵심인 공공성 실현은 부차적인 문제로 등한시하기 십상이다. 마치 교회가 그 목표를 설정하고 활동을 전개하며 교회 내의 인적 물적 자원을 사용할 때 개별교회의 유지와 확장에 최우선권을 부여하는 개교회주의와 다를 바 없게 될 수도 있다. 종교의 공동체 운동이 '종교적 게토'에 머물지 않기 위해서는 민중교회운동이 실천한 신앙적 공공성에 주목할 필요가 있다. 일상적 삶을 수렴하지 못하거나 긴밀한 연계과정이 없는 공동체 운동은 사회적 차원에서만이 아니라 교회 안에서조차도 대안공동체 운동의 역할을 감당할 수 없기 때문이다.

2. 기독교 기반의 사회적 기업

최근 우리 사회의 일각에서는 소비자본주의가 야기한 심각한 사회적 불평등과 생태위기의 문제를 극복하기 위한 대안의 하나로 '사회적 경제' 패러다임이 떠오르고 있다. 여기에는 협동조합운동으로부터 마을기업, 공정무역, 공유경제, 사회적 기업에 이르는 다양한 형태가 있다. 이러한 다양한 형태의 경제 운동은 소비자본주의의 폐해를 극복하는 단초를 공동체성의 회복에서 찾는다는 공통점을 보여주고 있다. 이윤의 극대화가 목적인 시장경제와는 달리, 사회적 경제는 지구공동체에서 더불어 살아가는 것을 궁극적 목표로 한다. 사회적 경제의 기본 정신은 서로 도우면서 공공의 이익을 추구하는 '공공성' 그리고 중심이 아닌 주변 지역을 거점으로 한 '공동체성'에 있다. 이러한 공공정신은 오래전부터 종교 공간에서 구현해 온 사랑이나 자비 정신과 맞닿아있다. 그러하기에 사회적 경제란 자본주의 체제를 부정하거나 대체하기보다는 자본주의의 한계를 보완하는 특성이 더 강하다.

여기에서 주목하는 종교기반의 사회적 기업은 최근에 민관협력의 형식으로 활발하게 추진되고 있는 일종의 공동체 운동이다. 사회적 기업은 '사회적'인 것에 내포된 공공성의 목적과 '기업적'인 것이 함의하는 이윤창출의 목적을 결합하고 있다. 2007년 고용노동부가 서구의 모델을 참조하여 사회적 기업 육성법을 제정한 이래 그 규모가 확대일로에 있다. 한국사회적 기업진흥원에서 제시한 구체적 수치로 보면 사회적 기업의 수는 2007년 55개에서 2018년 2,122개소로 38.6배 증가했고, 고용자는 2,539명에서 45,522명으로 18배 이상 늘었다. 사회적 기업의 지속 가능성과 자생력을 둘러싸고 비판적 시선이 존재하지만 해를 거듭할수록 안정된 모습을 보여주는 통계도 있다.

사회적 기업에서 특히 주목해야 할 것은 취약계층의 고용 비중이다. 출발부터 취약계층의 일자리 창출을 통한 자립 지원이 주목적이었으므로, 현재에도 사회적 기업에서 일하는 고용 인원 중에 고령자와 장애인, 저소득자의 비중이 절반을 훨씬 넘는다. 이 점에서 사회적 기업은 공공성을 획득하고 있다고 할 수 있다. 이렇듯 상생의 가치를 지향하는 사회적 경제는 종교 영역에서 담당하는 경우가 많다. 특히 복지정책이 미비했을 때부터 민간복지의 큰 축을 담당했던 종교 공간 특히 기독교는 사회적 기업 운동에서도 활발한 모습을 보여주고 있다. 종교적 운동체와 사회적 기업은 지역에 기반하면서 지역의 공적 이윤뿐만 아니라 공동가치를 실현하고, 취약계층에 대한 배려와 돌봄을 우선적으로 고려한다는 점에서 유사성이 있기 때문이다.

그러나 종교기반의 사회적 기업은 일반의 사회적 기업과는 지향점에서 뚜렷한 차이가 있다. 일반의 사회적 기업이 취약계층의 일자리 마련이라는 사회사업의 관점에 머무는 반면, 종교기반의 사회적 기업은 취업제공이나 단순한 돌봄의 차원을 넘어선다. 사회적 약자의 인권과 권익을 확장하고 사회생태계를 파괴하는 원인을 제거함으로써 공공성을 확대하려는 지향성을 가지기 때문이다. 그러하기에 기독교 기반의 사회적 기업은 지역 공동체와 사회를 살리는 공공성을 지향하는 특성이 있다.

한국 YWCA의 경우 다양한 형태의 사회적 기업을 운영하는 대표적인 기독교 기반의 사회적 경제 운동체다(전명수, 2018, 81-115). YWCA의 2017년 연간보고서에 따르면, 현재 YWCA가 부속시설의 이름으로 운영하고 있는 사회적 기업은 모두 194곳이다. 지역 YWCA별 3.7개를 운영하고 있는 셈이다. 이는 다양한 지역의 욕구에 대응하여 사회서비스를 제공하며 YWCA 운동의 목적과 사명을 지역사회에 뿌리내릴 수 있는 통로가 되고 있다.

가령 1987년 고용평등법 통과 이후 시행된 직장탁아소 10개 중 6개를 YWCA가 설립하여 직장탁아의 모델을 창출하였고, 여성의 직업능력개발과 취업확대를 위해 일하는 여성의 집(현 여성인력개발센터) 사업을 개발하여 여성직업 개발이라는 성과를 거두었다. 그러나 지역적 한계와 생활 영역의 일상적 이슈를 '정치화'해내지 못하는 한계가 있다(이숙진, 2017, 13). 뿐만 아니라 지역기반의 사회적 기업을 추진하지만 급격하게 진행되는 지방 소멸과 청년 여성의 탈지방화에는 속수무책인 경우도 많다. 공공성에 기반한 지역공동체 운동의 다각화가 요청되는 이유이다.

한편 기독교 기반의 자립개발 NGO인 열매나눔재단도 비즈니스를 통해 사회문제를 해결하고 사회적 가치를 확산하는 사람을 육성하는 사회적 기업의 허브 역할을 하고 있다.

이 재단은 다양한 사회문제를 해결하며 공공의 이익과 공동체 발전을 추구하는 사회적 경제 기업을 지원하면서 지속가능한 사회적 경제 생태계를 조성하는 역할을 하고 있다. 이 재단이 수행하는 사회적 경제 생태계 지원사업은 기독교의 희년 정신을 바탕으로 소외된 이웃을 섬김으로써 그들의 자립을 돕고 나눔의 선순환이 이뤄지는 세상을 만드는 데 목표를 두고 있다.

이처럼 사회적 자원이 결핍된 약자들과 함께하면서 연대 의식을 구현해 온 기독교의 공동체 전통과 사회적 기업이 추구하는 공공성에 대한 감수성은 상통하는 점이 있다. 특히 기독교 기반의 사회적 기업의 정신적 뿌리는 자본주의 형성에 기여한 것으로 평가받은 청교도의 근면하고 검소한 삶과 공공적 가치를 추구한 프로테스탄트 윤리에서 발견할 수 있다.

V. 결론

시장의 논리가 전 사회 영역을 장악하면서 공공기구마저 사익에 복무한 지 오래다. 공적 기구들이 공공성을 상실하면서 파편화된 개인들의 생존을 보호해 줄 장치가 점차 사라지는 악순환이 반복되고 있다. 벼랑 끝에 몰린 송파 세 모녀의 죽음, 성북 네 모녀의 죽음, 탈북여성의 아사, 추위에 길바닥을 전전하며 내일이 오는 것이 두려워 돌아올 수 없는 길을 떠난 철거민 청년 등, 잇따른 사회적 취약계층의 죽음에서 우리는 "악마는 항상 꼴찌부터 잡아먹는다!"고 한 후생경제학자 아마타르 센의 말을 기억한다. 이 말은 경제적 위기 때 가난한 자들이 제일 먼저 겪게 되는 극단적 고통을 상기시키기 때문이다.

국가마저 예산 마련의 한계를 이유로 공공성을 실천하지 못한다면 시민사회가 나서야 한다. 종교공동체는 그 여느 시민단체보다 풍부한 인적 물적 자원을 가지고 있다. 그간 종교공동체가 주도해왔던 자선과 구제사업은 시혜적 돌봄에 그친다는 의혹에서 자유롭지 못했다. 더욱이 소비자본주의와 공명한 종교공간에는 물질적 탐욕을 신앙적 언어로 변안한 신앙담론이 대중적 인기를 구가하고, 풍부한 인적 물적 자원은 개교회의 성장주의에 동원되면서 종교 공간은 공공성을 상실해 왔다.

이 글은 종교의 공공성을 회복하기 위하여 기독교 경전과 교회사에 나타난 자발적 가난의 영성과 경제정의의 가르침을 살펴보았다. 역사 속의 기독교는 이기적 탐욕에 침윤될 때도 있었지만 이에 저항하며 공(公)의 신앙을 지켜온 전통도 지니고 있다. 한국기독교 역시 물량적 성장주의에 경도된 주류교회가 세력을 확장하며 맘몬을 섬길 때, 산업화 시대의 민중교회와 후기산업화 시대의 작은 교회와 같은 대안교회 운동은 자본주의적 시장논리에 균열을 가하면서 생명공동체를 구축해 가고 있다. 한국기독교의 미래는 이러한 대안교회 운동의 활성화와 지속가능성에 달려 있다고 할 수 있다.

돈과 종교
: 돈에 대한 종교인의 태도 및 담론 고찰*

최현종 — 서울신학대학교

I. 들어가는 말

시장화, 자유화, 구조조정, 노동유연화, 세계화 등으로 특징지을 수 있는 신자유주의 경제상황은 그 본래의 영역을 넘어 학교, 가족, 친밀성 등의 영역에까지 심대한 영향을 미치고 있다. 그와 함께 경제체계의 주요한 매개체인 돈도 우리의 일상 생활세계를 재편하면서, 예측 불가능한 앞날의 불안감을 막아줄 강력한 방편으로서 작용하고 있다. 학교와 가정과 같은 영역들이 '돈'의 기준에 의해 평가되고

---

* 본 논문은 「종교와문화」 36 (2019)에 게재된 바 있다.

있고, '돈'으로부터 거리두기를 해온 종교마저 돈의 논리에 침윤되어 가고 있다(최현종, 2017, 96-114).

본 연구는 이러한 '돈'의 지배력에 주목하면서, 1) 한국의 종교들이 돈에 대한 어떠한 태도를 보이고 있는지를 설문 조사 결과를 통하여 비교해 보고, 관련하여 2) 현대적 상황에서 종교들이 어떠한 돈 담론을 생산하고 있는지를 살펴보고자 한다. 나아가 3) 종교적 관점에서 이러한 돈에 침윤된 종교적, 사회적 상황들을 극복하기 위한 방안들을 생각해 보고자 한다. 이러한 논의는 '돈과 종교'에 대한 일련의 연구들(권진관 외, 2016; 최현종 외, 2018)의 연장선상에 있으며, 이를 정리하고, 대안을 제시하고자 하는 시도이기도 하다.

II. 돈에 대한 종교별 태도 비교

권진관은 현재 한국 사회에서 각 종교 신앙인들의 돈에 대한 자세는 '돈화', '금전화'라는 일정한 관점으로 수렴되며, 이러한 경향이 가장 강하게 나타나고 있는 종교는 개신교라고 주장한 바 있다(권진관, 2018, 228). 이러한 주장은 과연 실제적인 근거를 갖고 있을까? 본 연구는 설문 조사 결과를 토대로 하여 이를 검증하고자 한다. 설문 조사는 수도권에 거주하는 주요 종교, 즉 개신교(117명), 가톨릭(258명), 불교(290명), 원불교(180명)의 신자들을 대상으로 2017년 5-6월 사이에 이루어졌다(총 845명, 원불교는 익산 지역 신자들을 일부 포함하였다). 독립변인으로는 개인의 종교, 신앙심의 정도를 주요하게 다루었고, 경우에 따라서는 신앙의 연한과 예배 참석의 빈도도 함께 고려하였다. 아울러 응답자의 연령, 성별, 학력, 월수입, 자산 정도 등을 통제변인으로 다루었다. 종속변인으로는 돈에 대한 각 종교의 태도를 비교하기 위하여 아래의 내용을 조사하였다.

1) 종교기관 내에서의 '돈'에 대한 언급 횟수
2) '돈'에 대한 가르침의 필요성에 대한 인식
3) 신앙생활과 물질적 축복의 관계
4) '돈'과 관련된 기도의 횟수
5) 헌금과 축복의 관계
6) '돈'이 종교 활동에 미치는 영향
6-1) '돈'에 따른 종교 생활의 불편함 정도
6-2) 헌금과 교회 직분의 관계

통계분석에 있어서 프로그램은 SPSS ver. 21을 사용하였다.

1. 종교기관 내에서의 '돈'에 대한 언급 횟수

〈표 1〉 종교별 돈에 대한 언급 횟수 비교

(비율: %)

구분	거의 매주	월 1~2회	연 1~2회	큰돈이 필요할 때	전혀 없음
개신교	18.4	39.5	17.5	17.5	7.0
가톨릭	5.5	26.2	25.8	32.4	10.2
불교	8.9	14.3	18.5	28.2	30.1
원불교	5.1	22.2	25.6	29.5	17.6
계	8.3	23.4	22.2	28.3	17.8

종교기관 내에서 '돈'에 대한 언급 횟수에 대한 응답 결과는 표 1과 같다. 이에 의하면 개신교에서 돈에 대한 언급 횟수가 '거의 매주' 18.4%, '월 1-2회' 39.5%로 타종교에 비해 상대적으로 많게 나타난다. 반면에 다른 종교들은 '큰 돈이 필요할 때'라는 응답이 천주교 32.4%, 불교 28.2%, 원불교 29.5%로 각각의 경우에서 가장 높게 나타난다. '돈'에 대한 언급 횟수로 보았을 때, 개신교가 가장 돈에 대해 강조하는 종교라는 주장은 어느 정도 타당한 것으로 보인다.

〈표 2〉 '돈'에 대한 종교별 태도

구분		가르침의 필요성	신앙과 축복	돈에 대한 기도	헌금과 축복	돈과 종교활동	가난의 영향	헌금과 직분
상수		3.178***	1.854***	1.803***	.793***	2.703***	2.174***	2.424***
종교	가톨릭	-.238*	-.108	-.919***	-.289*	-.292*	.023	-.845***
	불교	-.341**	-.178	-.678***	.054	-.216	.044	-.449***
	원불교	-.036	.356**	-.992***	.093	-1.338***	-.324*	-.698***
나이		-.004	.009***	.006*	.008**	.005*	.006*	.007**
성별		-.013	.044	.058	.277***	-.084	.056	-.038
학력		.128***	-.088**	.041	.039	.072*	.108**	.166***
월수입		-.029	.031	-.027	.005	-.037	-.048	-.060
신앙심		.095*	.340***	.188***	.304***	.057	-.022	-.015
R^2adj.		.052	.185	.092	.129	.166	.027	.083

* 〈 p=.05, ** 〈 p=.01, *** 〈 p=.001.
* 종교: 개신교, 성별: 남성 기준

2. '돈'에 대한 가르침의 필요성에 대한 인식

표 2에 의하면 가톨릭과 불교에 비해 개신교 신자들이 돈에 대한 종교적 가르침이 더 필요하다고 생각하는 것으로 나타난다. 학력과 신앙심도 이러한 인식에 영향을 미치는 것으로 나타나지만, 이는 개신교 신자들이 전반적으로 학력 수준이 높고 신앙심이 깊다고 응답하는 경향과 무관하지 않은 것으로 보인다(최현종, 2011, 21, 119).

3. 신앙과 축복의 관계

원불교 신자들이 개신교 신자에 비해 신앙생활을 성실히 하면 물질적 축복도 따른다고 생각하는 경향을 나타내었다. 이는 정신개벽과 물질개벽을 연결하는 원불교의 교리에 따른 것으로 보인다(김명희, 2016, 161-167). 반면, 가톨릭과 불교는 신앙과 축복의 관계를 개신교 신자보다는 부정하는 경향이 나타났지만, 통계적으로 유의미한 차이는 아니었다. 나이가 많을수록, 학력이 낮을수록, 신앙심이 깊을수록 신앙과 축복이 연결된다고 믿는 경향이 강하였다. 신앙연한(p=.001)과 예배참석(p=.020)도 신앙과 축복의 관계성에 영향을 미쳤는데, 신앙연한이 오래될수록, 종교행사에 자주 참석할수록 관계성이 있다고 생각하였다.

4. 돈에 대한 기도

개신교가 여타 종교에 비해 돈에 대한 기도를 가장 많이 하는 것
으로 나타났다. 가톨릭, 불교, 원불교 모두에 비해 p 〈 001의 수준에
서 유의미한 차이를 보였다. 다른 변인들과 관계하여서는 나이가 들
수록, 신앙심이 깊을수록 돈에 대해 더 많이 기도하는 경향을 보였
다. 이는 한편으로는 돈이라는 주제와 별개로, 기도 자체의 횟수가
더 많기 때문이기도 한 것으로 보인다.

5. 헌금과 축복의 관계

헌금과 축복의 관계에 대해서는 불교, 원불교와 개신교 사이에
유의미한 차이는 나타나지 않았다. 오히려 평균적으로는 원불교 〉
불교 〉 개신교 순으로 헌금을 잘 해야 축복을 받을 수 있다고 생각하
는 경향이 있었다. 가톨릭은 개신교에 비해 유의미한 수준에서 이러
한 경향을 덜 나타내었다. 다른 변인들과 관련하여서는 나이가 들수
록, 남성보다는 여성이, 신앙심이 깊을수록 헌금과 축복이 관계있는
것으로 생각하였다. 종교행사 참석을 많이 하는 사람들도 이러한 관
계를 더 신봉하는 경향을 보였다(p=.000).

6. 돈이 종교 활동에 미치는 영향

가톨릭, 원불교에 비해 개신교인들이 더욱 돈이 교회활동에 영

향을 미친다고 생각하였다. 통계적으로 유의미한 수준은 아니지만 불교에 비해서도 이러한 경향은 나타났다. 그 밖의 변인과 관련하여서는 나이가 많을수록, 학력이 높을수록 돈이 종교활동에 영향을 미친다고 생각하는 경향이 강하게 나타났다. 신앙연한(p=.009)과 종교행사 참석 빈도(p=.000)도 유의미한 영향을 미치고 있었지만, 영향이 선형적으로 나타나지 않고, U자형에 가까운 분포를 보였다. 즉, 신앙연한과 종교행사참석 빈도가 중간인 사람들이 연한이 짧거나, 매우 긴 사람들에 비해, 그리고 참석빈도가 낮거나 아주 높은 사람들에 비해 돈이 종교활동에 미치는 영향을 낮게 평가하는 경향을 나타내었다.

1) 가난이 교회생활에 미치는 불편

'가난할수록 종교생활이 힘들고 불편하다고 생각하는가?' 하는 질문에 대해서는 가톨릭, 불교, 개신교 사이에는 유의미한 차이가 나타나지 않았다. 다만, 원불교는 여타 종교에 비해 가난이 종교생활을 힘들고 불편하게 만든다고 생각하는 경향이 나타났다. 다른 변인들과 관련하여서는 나이가 들수록, 학력이 높을수록 이런 경향이 두드러졌다.

2) 헌금과 직분

개신교가 여타 종교에 비해 헌금이 종교적 직분을 받는 데 영향을 미친다고 생각하는 경향을 강하게 나타냈다. 그 밖에, 나이가 많을수록, 학력이 높을수록 이러한 경향을 보였다. 종교행사의 참석빈도는 집단 간에 유의미한 영향을 미치는 것으로 나타났으나 (p=.008), 영향은 비선형적이었다.

설문 조사 결과를 종합해 보면, 권진관의 언급처럼, 전체적으로 개신교가 여타 종교에 비해 돈에 가장 민감한 경향을 지닌다고 결론 지을 수 있다. 종교기관 내에서의 '돈'에 대한 언급 횟수, '돈'에 대한 가르침의 필요성에 대한 인식, '돈'과 관련된 기도의 횟수, '돈'이 종교 활동에 미치는 영향, 헌금과 교회 직분의 관계 등에서 개신교는 여타 종교에 비해 종교 생활과 '돈'의 관계성을 강하게 드러내었다. 베버 (Max Weber)의 언급처럼 개신교는 일반적으로 세상 내의 금욕을 주 장하며, 이는 자본주의 정신과 상대적인 친화성을 유지하는 근거가 되어 왔다(최현종, 2015, 141-147 참조). 그리고 이러한 경향은 상대적 으로 돈에 대해 민감하고, 중요시하는 경향을 낳은 것으로 볼 수도 있다. 개신교는 현대 사회, 특히 한국 사회 속에서 이와 같은 돈과 관련된 담론을 계속해서 새롭게 형성해 왔으며, 그 대표적인 것이 청부/성부론이다. 그러나 정도의 차이는 있지만, 다른 종교들 또한 자 본주의 사회의 상황에 맞추어 그에 적응하기 위한 방법으로 돈에 대 한 담론들을 생산해 온 것이 사실이다. 3장에서는 개신교의 청부/성 부론을 비롯하여 현재의 한국 종교들이 어떻게 돈 담론을 생성하고 있는지 살펴볼 것이다.

III. '돈'에 대한 종교의 담론들

'돈과 종교' 연구팀은 일련의 연구를 통해, 종교가 돈이 지배하는 사회를 정당화하고 지탱하는 주요한 장치라고 주장하면서, '돈'의 논리에 침윤된 종교 현상들을 분석하고, 종교가 '돈'을 자신의 고유한 신성성의 언어와 의례로 번역/번안하는 현상 및 각 종교인들이 이를 수용하는 과정을 연구해 왔다(권진관 외, 2016; 최현종 외, 2018 참조). 대부분의 종교들에서 이와 같은 현상은 예외 없이 드러난다. 가톨릭의 경우, 김혜경이 지적한 바와 같이, 베네딕토 16세의 '진리 안의 사랑'. 프란치스코 교황의 '복음의 기쁨', 염수정 추기경의 2014년 사목교서 등 돈의 우상화에 대한 교도권의 지속적인 경고가 나타나고는 있지만, 실제 신자들은 중산층화, 엘리트화되면서 소비자본주의 시대 흐름에 편승하는 사목과 신앙이 지배하고 있다(김혜경, 2016, 315-339). 가톨릭 신자들에 대한 설문 조사 결과에서도 신자들은 진보적이고 긍정적인 사회교리 실천 의지를 보이고는 있지만, 실제 교회의 인식은 이에 미치지 못하고 있는 것으로 나타난다(김혜경, 2018, 150). 김명희 또한 원불교 신자들에 대한 설문 조사 결과를 정리하면서, "원불교 초기 물질개벽에서 보여준 '수단으로서 돈'의 지형도가 '목적으로서 돈'의 지형도로 대체"되고 있는 것 같다고 결론짓고 있다(김명희, 2018, 203). 원불교의 가르침이 소비자본주의의 치유책이 될 수 있다는 교도들의 바람과는 달리, 교당 현장에서는 소비자본주의를 조장하는 목적으로서 '돈'의 지형도가 만들어지고 있음을 지적하고 있다.

하지만 2장에서 드러난 설문조사 결과처럼, 개신교는 이러한 현상에서 가장 두드러진 모습을 보이고 있다. 신익상은 "한국의 주류 개신교는 구조적 가난을 은폐하는 문화시스템"이라고 강하게 주장하면서(신익상, 2016, 51), 개신교가 자본주의의 세속적 보상을 탈속적 선물의 이름으로 정당화하며, 돈에 대한 개인주의적 접근을 지지함으로써 친자본주의적 이념을 형성하는 데 일조하였다고 기술한다(신익상, 2018, 49ff). 그는 한국 개신교의 근본주의 신앙이 개인주의 신앙, 직업 소명의식, 신자유주의 경제관과 유의미한 상관을 보이며(신익상, 2018, 60), 가난에 대해 사회구조적이기보다 개인주의적 해결을 추구하는 경향(신익상, 2018, 66f)을 이에 대한 증거로써 제시한다.

이숙진은 과거 '삼박자 구원', '예수 믿고 잘 살자'의 구호로 대변되던 '번영신학'이 '청부(淸富)/성부(聖富) 담론'을 통하여 어떻게 새로운 버전의 '부의 복음'으로 변환되고 있는지를 추적한다. 중산층 교회에서 설교 형태로 선포되던 이러한 담론의 확산은 김동호 목사의 『깨끗한 부자』(2011) 출판이 일차적 계기가 되었는데, 이는 일종의 '중산층의 부의 윤리학'으로, 그러한 부에 대한 합리화, 정당화의 기제를 제공해 주었다(이숙진, 2016, 105). 이숙진에 의하면 청부론의 주장은 다음과 같이 네 가지로 요약될 수 있다(이숙진, 2016, 87-93).

1. 돈은 축복이 아니라 은사다. 하나님은 물질을 바로 쓸 줄 아는 사람에게 물질의 은사를 주시며, 이는 십일조에 충실한 사람을 의미한다.

2. 하나님의 방식과 법대로 돈을 벌어야 한다. '정직이 경쟁력'이라고 강조하며, 부정축재에 대해서는 비판한다.

3. 올바른 소비와 연동된 '정직한 몫' 나누기를 강조한다. '하나님의 몫', '이웃의 몫'의 나눔이 정확하다면 나머지 몫에 대한 개인의 권리는 보장되어야 한다.

4. 저축을 장려하고, 유산을 남기지 않는 대신 교회에 바치는 삶을 장려한다.

이숙진은 청부론에 대한 다양한 비판(이숙진, 2016, 89f)과 함께 그 출현 배경을 분석하고 있다. 그에 의하면 청부론은 산업화 시대의 교회성장의 동력으로 작용했던 번영신앙과의 구별 짓기를 통하여, 교회개혁운동의 일환으로 자신을 세워갔으며(이숙진, 2016, 92), 한국교회의 도덕적 위기에서 벗어나고자 했던 중산층 교인의 호응과 함께 욕망과 도덕성의 둘 모두를 추구하는 담론이라고 할 수 있다. 그럼에도 불구하고, 이는 결국 '성장주의', '성공주의', '승리주의'의 후기 자본주의적 버전이라고 할 수 있으며(이숙진, 2016, 108), 하나님 나라 건설이란 상징을 철저하게 '돈'으로 치환하고 있다(이숙진, 2016, 110).

청부론보다 약간 뒤에 나타난 성부론, 즉 '거룩한 부'에 대한 주장은 주로 예수전도단 소속 '왕의 재정학교'에서 생산되었다. 이는 집회뿐 아니라 온라인상으로도 폭발적인 인기를 모은 바 있다. 성부론은 '성빈'(聖貧), '속빈'(俗貧), '성부'(聖富), '속부'(俗富)의 네 가지 유형의 사람을 구분하고 있는데, 그중에 초점은 성부에 맞추어진다. 성부론에 따르면, 하나님은 부자이며, 그 부를 우리에게 주기 원하신다. 그리고, 누구든 성경적 재정원리에 충실하면 성부가 될 수 있다. 이숙진은 그 주요 테제를 아래와 같이 정리하여 제시한다(이숙진, 2016, 94-100).

'부흥'은 개인적 차원의 물질적 풍요와 교회의 성장을 동시에 의미한다. 이는 성경에 따른 재정적 삶의 결과이며, 하나님 나라의 확장을 위해 반드시 필요하다. 성부론에서는 이를 입증하기 위해 성서에 나오는 재물 관련 기사의 횟수까지 구체적으로 언급한다(믿음과 구원의 횟수보다 10배 정도 많으며, 이는 그만큼 중요하다는 증거이다). 그들은 신앙적 실천에 돈이 필요함을 명시적으로 언급하며, 교회성장의 동력으로 돈을 내세운다.

1. 재물에 충성해야 한다. 이는 누가복음 16장 10-13절에 근거한 것으로, '작은 것', '남의 것', '불의한 재물'에 충성함이 필요하다. 재물에 충성하는 삶은 재물을 노예로 다루고, 관리하고, 재물을 다루면서도 장막 생활을 하는 삶을 의미한다.
2. 주인을 맘몬에서 하나님으로 바꿔야 재물을 노예로 다룰 수 있다. 이를 위해 재물을 하늘 은행에 맡기는 것(헌금)이 필요하다. '되돌려 받고 싶은 만큼 심기'가 권유되며, 믿음보다 십일조가 강조된다.
3. 성부는 성빈, 검소한 삶을 살아야 한다. 나머지는 모두 하늘은행에 씨로 심고 흘려보내야 한다. 그렇지 않으면 결국 재물은 모두 사라지게 될 것이다. 이는 개인의 자유로운 처분을 인정했던 청부론과는 구별되는 점이다.

4. 속부의 재물은 반드시 의인에게 옮겨 간다.

이숙진은 성부론을 '금융위기가 일으킨 불안정서와 깊이 공명'하는 것으로 지적하면서(이숙진, 2016, 101), 이를 금융투자에 따른 일종의 '신앙적 리스크 관리 방법'이라고 명명한다. 여기서, 돈은 예측 불가능한 앞날의 불안감을 막아주는 무기로서 작용한다(최현종, 2016 참조). 이들의 경전(성서) 해석이 과연 적절한가하는 의문도 제기될 수 있지만, 그보다 더욱 중요한 것은 이러한 해석들이 후기 자본주의 시대를 살아가는 이들에게 존재하는 욕망과 어떻게 연결되고 부합하고 있는가 하는 것이다. '십일조를 제일 많이 내는 사람이 되게 해달라'는 이들의 기도 속에는 '제일 돈 잘 버는 부자가 되게 해달라'는 욕망이 내재되어 있다(이숙진, 2016, 103f). 그 욕망이 과연 '종교적'인가에 대해 질문하기 전에, 신앙이 그 욕망의 수단으로 전락하고 있는 것에 더욱 주목해야 한다. 이숙진은 결론적으로, 한국 개신교인에게 있어 돈과 신앙은 매우 친화적인 관계이며, 교회는 돈에 대한 욕망을 신성성의 언어로 번안하고, 교인들은 '영적 세탁'을 거친 교회의 가르침을 수용하면서 돈의 지배력을 유지, 강화하고 있다고 기술하고 있다(이숙진, 2018, 274).

돈에 대한 재평가는 다른 종교, 특히 불교계에서도 나타나고 있다. 초기 불교에 있어 재가자는 일정한 원칙에 따른 돈을 벌고 쓰는 것이 가능했고, 돈의 증식과 이자 수입도 인정한 데 반해, 출가자는 최대한 무소유의 원칙을 견지했다. 하지만, 불교가 발전함에 따라 출가자의 무소유 원칙은 초기 불교의 교단 분열의 원인으로 작용하였다(류제동, 2016, 130). 현대 불교에 있어, 지광 스님 같은 분은 '불교의 기본 가르침은 번영과 발전이다'라고까지 주장하고 있다(류제동, 2016, 134). 그는 법화경에 나오는 비유들을 통하여 이에 대한 근거를 제시하고 있는데, '재물을 가까이하지 말라'는 오용이나 악용에 대한 경계이지, 재물 자체에 대한 부정은 아니라고 주장한다(류제동, 2016, 135). 그는 미국의 실업가 카네기를 언급하면서까지 부자에 대한 부정적 시각을 배척하고, "부자가 될 가능성이 있음에도 불구하고 노력해서 실현하지 않는다면, 삶의 의욕을 상실한 것"이라고 말하고 있다(류제동, 2016, 135). '서로 살리고 번영의 길로 이끌어가는 화합의 세계'를 강조하고, '법답게' 돈을 버는 것을 중요시하는 그의 입장은 개신교의 청부론/성부론과 별로 다르지 않다.

물론 지나치게 돈을 죄악시하는 입장도 현대의 세계와는 맞지 않는다. 문제는 어느 쪽이 더 강력한 힘을 갖고 있는가 하는 것이다. 즉, '종교가 돈을 통제하고 있는가?' 혹은 '돈이 종교를 통제하고 있는가?' 하는 문제이다. 전통적으로 종교들이 돈을 죄악시, 혹은 문제시한 것은 전자의 위험이 강하기 때문이라고 할 수 있다. 신약성서에서도 재물 때문에 예수를 따르지 못한 부자 청년의 사례와, 이와 연결하여 예수가 "낙타가 바늘귀로 들어가는 것이 부자가 하나님의 나라에 들어가는 것보다 쉬우니라"라고 말한 것이나(마태 19:23-26), "하나님과 재물을 겸하여 섬기지 못하느니라"는 선언은(마태 6:24) 이러한 위험을 가장 잘 보여주는 사례들이라고 할 수 있다. 물론, 성경에서도 구약의 많은 구절들은 물질적 축복이 종교적 결과라고 기록하고 있으며, 이는 한국교회의 부의 정당화, 헌금의 필요성들을 거론하는 데 중요한 근거로서 제시되고 있는 실정이다. 십일조와 축복을 연결 짓는 말라기 3장 10절은 그 대표적인 구절 중 하나라고 할 수 있다.

이러한 이중적인 입장과 그에 따른 위험의 경고는 다른 종교에서도 나타난다. 김태완에 따르면, 유교는 농경을 생산의 기본 양식으로 하였기에 상업을 억제하고 돈을 축적하지 않는 것을 미덕으로 여겼다(김태완, 2016, 191, 201). 그럼에도 불구하고, 누구나 돈을 추구하지만, 돈을 추구하는 일을 천박한 일로 여기는 돈에 대한 사회적 관념의 이중성이 유교 문화권 밑바탕에 깔려 있다(김태완, 2016, 199). 맹자 같은 경우에는 이상적인 정치를 위해서는 경제적 토대를 쌓는 것이 중요하며, 시장의 순기능을 인정해야 한다고 주장하면서, 거래질서를 어지럽히는 이익의 독점을 문제시하였다(김태완, 2016, 206ff). 이를 위해서는 지도층 개인의 이익을 넘어 공리를 추구하는 것과 같은 보편적 경제정의의 촉구가 필요하다고 언급한다(김태완, 2016, 212). 주례(周禮) 또한 돈은 샘과 같은 것이기 때문에 개인이나 집단에 고여서는 안 된다고 지적한다(김태완, 2016, 194). 이러한 지적 속에는 돈에 대한 양가적 태도와 함께 그 위험을 통제하기 위해 나름의 방안을 제시하는 시도들이 보인다.

김동규는 무속의 기본 정신을, (바타이유[Georges Bataille]의 개념을 인용하면서) 재물의 소비가 아닌 소진을 추구하는 데 있다고 주장하는데, 이 또한 돈에 대한 반발, 혹은 돈의 위험성을 인지하고 있기 때문이라고 할 수 있다. 가장 가치 있는 돈이 비생산적인 곳에 소모됨으로써 돈이 가진 자본증식적인 성격을 상실토록 하는 것은 '경제적인 논리'가 아닌 '종교적 의미'의 승리를 암시하는 것으로 해석할 수 있다(김동규, 2016, 218, 238). 필자 또한 이전의 논문에서, 단일화된 척도로서의 돈의 힘을 지적하며, 종교가 그에 대한 제어의 기능을할 수 있을까 의문을 표시한 바 있다(최현종, 2016, 51f). 짐멜의 언급처럼 종교는 역사적으로 '돈'의 일방적 작용을 반대하는 역할을 천명하였지만, 지속적인 성공을 거두지는 못했다. 김동규가 언급한 대로,바타유는 돈으로 대표되는 현대의 도구적 사물의 파괴, 중요한 관심의 대상을 '생산'에서 '비생산적 소비'로 돌리는 것이 종교의 중요한기능이라고 주장하지만(바타유, 2015), 이러한 주장이 이념형적 목표는 될 수 있을지언정, 현실적인 종교의 양태로 자리잡기는 쉽지 않은것으로 보인다. 오히려 종교가 '세속적' 부와 건강의 증진을 위한 하나의 수단으로 전락하는 것이 현대 사회에서 더 자주 부딪히는 경우임을 앞에 인용한 여러 연구자들의 언급에서도 확인할 수 있다.

그럼에도 불구하고, 여러 설문 조사 결과들에서 돈의 체계에 대해 고민하는 종교적 인간의 모습을 발견할 수 있었으며(이숙진, 2018, 275), 이는 종교가 돈에 대해 억제 혹은 통제 기제로 작용할 수 있음을 여전히 시사해 준다. 김명희 또한, 원불교의 교리를 인용하며, '자리행'(自利行)의 돈의 지형도에서 '이타행'(利他行)의 돈의 지형도로의 전환을 위해 힘써야 하며, 그와 같은 가능성은 충분히 발견된다고언급한다(김명희, 2018, 202f). 그에 의하면, 원불교는 실제로 창교 시부터 물질의 중요성을 인지했던 종교였다. "물질이 개벽되니 정신을개벽하자"는 표어는 이를 잘 나타내 주며, 물질을 진리의 세계를 이루는 방편으로 다루면서, 이를 위해 저축조합과 방언공사 등의 구체적인 방안을 제시하고 실천해 왔다(김명희, 2016, 121). 물질개벽은 현세에 신낙원을 건설하는 중요한 수단임에도 불구하고, 현재의 많은 문제들이 나타나는 것은 물질이 개벽되었음에도 불구하고 정신이 개벽되지 못하였기 때문이다. 정신개벽이 따르지 않는 물질개벽은 인간소외, 인권유린 등을 초래하며, 물질의 바른 사용이 이루어지지 않는 것은 이를 위한 바른 정신이 뒷받침되지 않기 때문이다. 이러한 원불교의 입장은 새로운 사회 건설을 위해서는 새로운 물질적 토대와 더불어 새로운 인간(el hombre nuevo)을 만드는 것이 필요하다는 체 게바라(Che Geuvara) 혹은 파농(Frantz Fanon)의 주장과도 통한다(네그리·하트, 2014, 148, 459; 파농, 2010, 50, 321). 쿠마르 센(Amartya Kumar Sen)의 발전이 성공적이려면 경제적인 면만이 아니라 인간의 잠재능력과 자유를 실질적으로 증가시켜야 한다는 주장이나(하승우, 2013, 70), 미즈(Maria Mies)가 사회의 꼭대기층을 차지한 소수를 동경하거나 그들을 따라가려는 헛된 망상을 버리고 철저히 아래로부터의 관점을 가져야 하며, '따라잡기 개발'이나 '따라잡기 소비주의'와 같은 환상을 버려야 한다고 주장한 것도 동일한 맥락이라고 볼 수 있다(하승우, 2013, 85f). 이러한 인간/정신의 문제를 해결하기 위해 원불교는 근검절약을 통한 자발적 가난과, 직업과 노동을 통한 돈의 긍정적 기능을 강조하며, 나아가 은(恩) 사상과 사요(四要)교리에 근거한 '이타적 가치 창출'을 추구한다(김명희, 2016, 133). 사요교리란 인권평등을 위한 자력양성(自力養成), 지식 평등을 위한 지자본위(智者本位), 교육평등을 위한 타자녀교육(他子女敎育), 생활평등을 위한 공도자숭배(公道者崇拜)의 네 가지 핵심 교리를 가리키며, 이 중 특히 '자력'은 경제적 자립을 의미하고 있다.

돈을 지나치게 적대시할 필요는 없다. 그 위험과 함께 이로운 부분을 수용하고, 이를 잘 통제하면 된다. 금강경에도 물질과 관련된 물보시는 매우 가치 있는 것이지만, 사구게 한 절이라도 설하는 것이 더 중요함을 지적하여, 물질의 중요성을 부인하지 않으면서도, 결국 중요한 것은 정신적, 종교적 가치임을 명시하고 있다(권진관, 2016, 230). 니히턴(Ethan Nichtern)도 불교적 입장에서 돈은 단순히 필요악이 아니며, 돈을 계획적으로 다루고, 교류하면, 이를 통제할 수 있다고 주장한다(류제동, 2016, 146-149). 니히턴은 '돈은 교류'라고 언급하는데, 그에 의하면 우리의 문제는 고립적인 방식으로 돈을 사용하도록 교육받고 있는데 기인한다. 니히턴은 돈에 대한 계획을 잘 짜고, 그 다음으로 마음의 평안을 찾으라고 권고하는데, 마음이 불안하다면 아무리 돈이 많아도 안정감을 느낄 수 없기 때문이다. 이는 앞서 언급한 원불교의 교리와도 상통한다. 한편으로 돈을 그냥 타인에게 다 맡겨버리는 것도 우리의 책임을 방기하는 것이다. 우리는 돈으로 이 세상에서 매우 의미 있는 일들에 힘을 부여할 수 있다. 법륜 스님은 돈을 버는 것의 상대성을 얘기하면서, 비교에 의해 부자와 빈자가 결정되는 현실이 문제라고 지적한다. 진정 중요한 것은 '함께 행복해지는 길'이며, 돈을 기준으로 하는 성공은 진정한 성공이라고 할 수 없다. 세상에서 추구하는 성공과 관련 없이 자기가 만족하면 좋은 인생임을 알아야 한다고 법륜 스님은 말하고 있다(류제동, 2016, 140). 이러한 상황들과 관련하여 류제동은 현대적 입장에서 불교의 무소유 교리를 실제 우리의 경제생활에 맞게 규범적인 윤리 지침으로 구체화하고, 이에 근거한 새로운 소비윤리를 제시할 필요가 있음을 지적하고 있다(류제동, 2018, 172).

현재의 상황에서 이러한 돈의 지배로 벗어날 수 있는 방법은 무엇일까? 권진관은 새로운 자연친화적이며 공동체적인 연대의 주체 형성을 위한 체제가 필요함을 역설하며(권진관, 2018, 230) 유사한 맥락에서 이숙진도 대안적 신앙공동체에 대한 연구가 필요함을 주장한다(이숙진, 2018, 275). 북친(Murray Bookchin)의 '사회 생태주의'(social ecology)나, 헨더슨(Hazel Henderson)의 '녹색경제'(green econo-my)의 주장 등도 이와 유사한 맥락에서 대안경제적 제안으로 생각해 볼 수 있다(하승우, 2013, 80-82 참조). 공통적인 부분은 '생명경제' 혹은 '공유경제'라는 개념을 통해 '돈'의 지배로부터 벗어날 수 있는 사회로 인도하는 지도를 제안하는 점이라 할 것이다. 네그리(Antonio Negri)와 하트(Michael Hart)는 현재의 신자유주의 경제학이 일종의 '화폐 본질주의'에 기초하고 있다고 비판하면서, 화폐는 자연적인 측정 단위가 아닌 사회의 공통적인 조직화에 근거한 것이라고 주장한다(네그리·하트, 2008, 196f). 그리고 이러한 공통적인 근거를 사적인 소유로 재전유하는 현대의 자본주의 시스템에 대하여 비판하면서, 경제학은 삶 정치적 학문, 윤리학이 되어야 한다고 주장한다(네그리·하트, 2008, 198). 하지만, 이와 같은 공동체의 모색, 나아가 대안경제의 제안이 (게토와 같은) 제한된 국지적 자율성을 겨냥하는 기획에 그쳐서는 전반적인 체제 상황에 맞설 수 없다(네그리·하트, 2001, 276 참조). 네그리와 하트는 고전적이고 근대적인 사적 소유 개념의 근거가 탈근대적 생산양식 속에서 어느 정도 해체되고 있는 시점에서, 공통적인 것이 대중의 구현, 생산 그리고 해방의 새로운 양식이 될 수 있다고 주장하지만(네그리·하트, 2001, 396), 이와 같은 주장들이 하나의 당위적 요청을 넘어서, 실현, 혹은 확산 가능한 진정한 대안으로 등장할 수 있을지는 의문이다. 물론 이것이 우리의 지향점을 설정해 줄 수는 있고, 또한 대안은 '주어지는 것'이 아닌, '만들어 가는 것'이라고 할지라도 말이다.

IV. 나가는 말

필자는 본 연구를 통하여 한국의 종교들이 돈에 대한 어떠한 태도를 보이고 있는지를 비교해 보고, 또한 현대적 상황에서 종교들이 어떠한 돈 담론들을 생산하고 있는지를 살펴보았다. 설문 조사 결과를 종합해 보면, 여타 종교에 비해 개신교가 돈에 가장 민감한 경향을 지닌 것으로 나타났다. 종교기관 내에서의 '돈'에 대한 언급 횟수, '돈'에 대한 가르침의 필요성에 대한 인식, '돈'과 관련된 기도의 횟수, '돈'이 종교 활동에 미치는 영향, 헌금과 교회 직분의 관계 등에서 개신교는 여타 종교에 비해 종교 생활과 '돈'의 관계성을 강하게 드러내었다. 이러한 맥락에서 개신교는 현대의 한국 사회 속에서도 돈과 관련된 담론을 계속해서 새롭게 형성해 왔으며, 본 연구에서는 그 대표적인 것으로 '청부/성부론'을 살펴보았다. 그러나, 여타 종교 또한 정도의 차이는 있지만, 자본주의 사회의 상황에 맞추어 그에 적응하기 위한 방법으로 돈에 대한 담론들을 생산해 왔고, 본 연구에서는 그 약간을 소개하였다.

에치오니(Amitai Etzioni)에 의하면, 각 사회는 규범적인 구조, 교환관계, 강제관계 중 어느 것에 기초하고 있는가에 따라 구분될 수 있으며, 이 중 자본주의 사회는 교환의 조직원리가 지배적인 사회라고 할 수 있다(Etzioni, 1961, 23-40). 이러한 상황에서 종교의 규범적 구조는 돈을 매체로 한 교환 원리에 종속될 수밖에 없다. 이는 하버마스(Jürgen Habermas)의 생활세계의 체계에 대한 식민화의 주장에서도 드러난다. 부라고 하는 것이 보편적인 교환을 통해 창출된 개인적인 욕구, 능력, 기쁨, 생산적 힘 등의 보편성이라면(네그리 · 하트, 2008, 189), 결국 이러한 모든 것을 보장해 주는 것이 '돈'이라고 할 수 있다. 거기에 돈이 제공하는 '소유'의 감각은 현대 사회의 불안정성 속에서 중요한 안전감을 제공한다. 이러한 상황에서 종교는 돈을 '통제'하기보다는, 돈을 얻기 위한 하나의 수단으로 전락하고 있으며, 이는 본문에서 언급한 종교인들의 돈에 대한 태도, 돈에 대한 종교의 주요 담론 등에서도 드러나는 사실이다.

하지만, '돈'을 친화적으로 기술하는 담론과 함께, '돈이 종교를 통제'하는 위험에 대한 경고도 종교 내에 늘 존재해 왔다. 또한, 이러한 돈의 지배를 벗어나기 위한 종교적 입장에서의 대안 모색도 제시되고 있다. 필자는 개 교회의 재정구조를 분석하면서 "그 방향성이 종교시장체계 내에서의 생존, 종교 소비자들에게 적절한 종교 서비스를 제공하는 것을 넘어서 종교 본래의 초월적 지평을 유지할 수 있을까?"라는 질문을 제기하고, 이를 루만(Niklas Luhmann)의 용어로 조직체계와 사회체계의 갈등이라고 요약한 바 있다(최현종, 2017, 243f). 그에 따르면, 시장의 논리가 단기적으로는 교회 조직의 유지 및 확대를 보장해 줄지 모르지만, 사회체계로서의 종교의 기능과 충돌함으로써 장기적으로는 부정적 영향을 미칠 수 있으며, 따라서 이 문제는 당위적 질문이 아니라, 종교의 미래와 관련된 현실적 질문이라고 지적하였다(최현종, 2017, 245f). 이러한 논점은 개신교에만 국한된 것이 아니라 현재 한국 사회의 모든 종교들에 공통적으로 적용될 수 있다. 베버가 언급했던 개신교와 자본주의, 그에 따른 돈과의 친화성은 현재의 탈물질주의 경향 속에서는 오히려 종교에 대한 부정적 담론을 형성하는 원인이 되고 있다.

현대사회에서 '돈'의 역할이 절대적일수록, 역으로 이와 같은 돈의 통제로부터 벗어나기를 소망하는 것이 현대인들의 또 하나의 심성이다. 많은 이들은, 특히 종교가 이러한 통세에 대한 대항 기제로서 작용하기를, 종교는 '돈이 통제하는 사회'의 모습과는 다르기를 바라는 이율배반적인 심정을 가지고 있다. '돈'이라는 '현대의 신'이 아닌 다른 절대자적인 통제의 갈구 — 이것이 '돈'에 지친 사람들의 마음이다. 하지만, 여기서 '종교'는 '돈'에 초연해야 한다는 당위론적인 제안은 한계를 지닐 수밖에 없다. 종교 또한 신을 믿지만 결국 이 땅에 발을 딛고 살아가는 인간과 함께 하는 것이기에 말이다. '돈'에 대한 완전한 통제, '돈'으로부터의 완전한 벗어남이라는 것은 거의 불가능한 요구이지만, 돈을 벗어날 수는 없지만, 돈에 함몰되지도 않는, 그러한 무언가의 견제의 역할은 종교가 해 줄 수 있지 않을까? '돈'의 통제를 받지만, 그럼에도 역으로 '돈'을 통제하려는 시도를 포기하지 않는 묘한 '긴장'의 관계 – 그것이 '돈'이 지배하는 현재의 사회에서 우리가 종교에게 요구할 수 있는 최선이 아닐까?

돈과 종교의 관계 지형도
― 가톨릭, 개신교, 불교, 원불교를 중심으로

신익상 ― 성공회대학교

I. 들어가는 말

'돈'과 종교에 관한 연구를 진행해온 성공회대학교 신학연구원 산하 연구팀은 지난 2017년 가톨릭, 개신교, 불교, 원불교 신자를 대상으로 하는 설문조사를 진행한 바 있다. 이 결과를 종교별로 분석한 연구는 수행되었으나, 종교 간 비교분석까지는 수행되지 못했다. 본 연구는 비록 제한된 문항이지만, '돈'과 종교의 관계를 종교 간 비교를 통해 분석함으로써 '돈' 문제에서 각 종교가 처해 있는 상황을 전체적으로 조망하고자 했다. 선택된 7개 문항의 기본통계, 상관계수 분석, 변량분석을 통해 가톨릭, 개신교, 불교, 원불교 각 종교가 '돈'

과 관련된 문제에 있어 서로 어떻게 같고 다른지를 확인하고자 한다.

II. 통계조사의 개요

본 연구는 지난 2017년 3월에서 6월 사이에 "'돈'과 종교" 연구팀에 의해 수행된 설문조사 중 일부를 사용한다.[1] 설문은 가톨릭, 개신교, 불교, 원불교 4개 종교에서 준비된 종이 설문지에 설문응답자가 직접 응답하여 작성하는 방식으로 시행하였다. 가톨릭은 서울교구, 수원교구, 가톨릭신문사 등에서 258명에게 설문을 시행했고, 개신교는 수도권에 있는 4개 교회 교인들을 대상으로 117명에게 설문을 하였다. 불교는 불교 재가자를 대상으로 수도권 인근의 지역적 분포와 종교별 다양성을 참작해서 불교의 사찰 및 유사 기관을 선정(조계사, 석왕사, 열린선원, 한국불교연구원, 정토회)하여 290명에게 방문 인터뷰 및 설문을 시행했다. 원불교 또한 지역적 분포를 고려해서 서울의 강남교당과 안암 및 원남교당, 익산의 이리교당 4개 교당을 선정 방문하여 180명에게 설문을 시행했다.

1. 사용된 설문의 내용

위 설문 결과 중 본 연구는 7개의 설문 문항만을 선택하여 분석

---

[1] 이 설문에 관한 상세한 내용은 권진관 외,『종교인은 돈을 어떻게 생각하는가』(서울: 동연, 2018)에서 확인할 수 있다. 특히, 종교별(개신교, 가톨릭, 불교, 원불교) 설문 문항은 같은 책, 233-284를 참조하라.

한다. 이를 통해 '돈'과 관련된 문제에 있어서 종교 사이에 유의미한 차이가 있는지를 확인함으로써 한국에서 '돈'과 종교의 관계 지형도를 개략적으로 묘사하고자 한다. 본 연구에서 사용한 7개의 설문 문항 내용은 다음과 같다. 첫째, 각 종교의 공식적인 행사, 즉 가톨릭의 경우에는 미사, 개신교의 경우에는 예배, 불교와 원불교의 경우에는 법회에 참석하는 빈도수로, 이 문항은 이후 통계분석에 있어서 독립변수로 사용한다. 사용된 둘째 문항은 각 종교의 공식적인 집회에서 '돈'이 언급되는 횟수에 대한 각 종교 신도들의 인식이다. 셋째 문항은 각 종교에서 헌금, 교무금, 보시 등으로 모인 '돈'이 가장 많이 사용되는 분야에 대한 각 종교 신도들의 인식에 대한 것이다. 둘째와 셋째 문항의 경우에는 별도의 분석 없이 기본통계를 활용하여 분석한다. 넷째 문항은 신앙생활과 물질축복의 관계에 관한 인식, 다섯째 문항은 직업선택에 대한 신앙의 영향에 관한 인식, 여섯째 문항은 '돈'의 많고 적음이 신앙생활을 하는 데 영향을 끼치는지에 대한 인식, 일곱째 문항은 헌금, 교무금, 보시 등이 축복과 관계된다고 생각하는 정도를 각각 묻는 5점 척도 문항들이다.

기본통계 외에 관계 분석을 진행함에 있어 사용된 독립변수와 종속변수를 정리하면 다음과 같다.

1) 독립변수: 종교(가톨릭, 개신교, 불교, 원불교)

2) 종속변수

   ① 신앙생활과 물질축복의 관계에 관한 인식

   ② 직업선택에 대한 신앙의 영향에 관한 인식

   ③ '돈'의 많고 적음이 신앙생활을 하는 데 영향을 끼치는지에

대한 인식

④ 헌금, 교무금, 보시 등이 축복과 관계된다고 생각하는 정도

2. 자료의 처리

본 연구에서 사용된 통계분석 방법은 상관계수와 변량분석 (ANOVA)이다. 상관계수는 두 변인 간의 상관성 정도를 나타내는 것으로, 상관성이 가장 높은 경우($r=\pm1.00$)와 가장 낮은 경우($r=0.00$) 사이에서 통계적 유의미성을 검증한다. 변량분석은 3개 이상의 집단 간 차이를 검정하기 위한 통계적 방법이다. 집단 내 분산 추정치(오차)에 대한 집단 간 분산 추정치(효과)의 비율을 봄으로써 효과가 오차보다 크다면 집단 간 유의미한 차이가 있음을 확인할 수 있다. 본 연구에서는 독립변인이 하나일 때 사용하는 일원 배치 분산분석 (one way ANOVA)을 사용한다.

III. 결과

1. 기본통계로 본 '돈'과 종교

기본통계를 통해 본 연구가 보고자 한 것은 두 가지다. 하나는, 각 종교 신도들이 공식집회에서 '돈'이 언급되는 빈도를 느끼는 정도를 확인하는 것이다. 다른 하나는, 종교별로 '돈'이 가장 많이 쓰이는

분야에 대한 신도들의 인식을 확인하는 것이다.

1) 각 종교 신도들이 느끼는 공식집회에서 '돈'이 언급되는 횟수

본 연구에서 사용한 설문들은 때때로 같은 질문이라도 각 종교의 실정에 맞게 선택지에 변화를 준 경우가 있는데, 불교의 경우가 그렇다. 이것은 나중에 분산분석에서도 영향을 주는 문제가 되는데, 불교는 공식집회, 즉 법회에 참석하는 최하 기준을 일 단위가 아닌 주 단위로 설정하였기 때문이다. 이에 따라 공식적인 법회에서 '돈'이 언급되는 횟수 또한 다른 종교와 달리 최하 기준을 주 단위가 아닌 월 단위로 설정하였다. 따라서, 가톨릭, 개신교, 원불교는 이 설문에 대한 직접적인 비교가 가능하나, 불교의 경우에는 제한적이다. 이를 염두에 두고 각 종교 신도들이 느끼는 공식집회에서 '돈'이 언급되는 횟수에 대한 기본통계를 제시하면 표1 및 표2와 같다.

표1에 의하면 가톨릭(32.2%)과 원불교(28.9%)의 신도들은 건축 등과 같이 큰돈이 드는 일이 생길 때 미사나 법회에서 '돈'이 언급된다고 느끼는 비율이 가장 높았다. 반면 개신교의 경우(38.5%)에는 한 달에 1, 2회 언급된다고 느끼는 신도의 비율이 가장 높았다. 개신교의 신도는 교회에서 '돈'이 정기적으로 언급된다고 느끼는 경향이 가장 강하다면, 가톨릭이나 원불교의 신도들은 비정기적으로 언급된다고 느끼는 경향이 가장 강하다고 할 수 있다. 하지만, 거의 매주 '돈'이 언급된다고 느끼는 비율과 한 달에 1, 2회 정도 언급된다고 느끼는 비율을 합하면(가톨릭은 31.4%, 원불교는 26.7%), 가톨릭과 원불

교는 정기적으로 언급된다고 느끼는 신도의 비율과 큰돈이 드는 일이 생길 때 비정기적으로 언급된다고 느끼는 신도의 비율에 큰 차이가 없다고 할 수 있다. 하지만, 개신교는 이 둘을 합한 비율이 56.4%에 달해서 정기적으로 듣게 된다고 느끼는 성도의 비율이 압도적으로 높다는 점에서 다른 두 종교와 확연히 대조된다고 할 수 있다.

〈표 1〉 각 종교 신도들이 느끼는 공식집회에서 '돈'이 언급되는 횟수

(불교 제외) (%)

	거의 매주	한 달에 1, 2회	1년에 1, 2회	건축 등 큰돈이 드는 일이 있을 때	전혀 없음	무응답/ 거절	계
가톨릭	5.4	26.0	25.6	**32.2**	10.1	0.8	100.0
개신교	17.9	**38.5**	17.1	17.1	6.8	2.6	100.0
원불교	5.0	21.7	25.0	**28.9**	17.2	2.2	100.0

〈표 2〉 불교 신도들이 느끼는 공식집회에서 '돈'이 언급되는 횟수 (%)

	한 달에 1, 2회	분기마다 1, 2회	1년에 1, 2회	건축 등 큰돈이 드는 일이 있을 때	전혀 없음	무응답/ 거절	계
불교	7.9	12.8	16.6	25.2	**26.9**	10.7	100.0

불교의 경우에는 법회에서 '돈'이 언급되는 경우가 전혀 없다고 느끼는 신도들의 비율이 26.9%로 큰돈이 드는 일이 있을 때마다 언급된다고 느끼는 신도들의 비율(25.2%)보다 1.7%p 높게 나타나면서 가장 높았다. 반면, 비교적 정기적으로 자주 '돈'을 언급한다고 느끼는 신도들의 비율은 한 달에 1, 2회(7.9%)와 분기마다 1, 2회(12.8%)를 합치더라도 20.7%로 전혀 없다고 느끼는 신도들의 비율보다 6.2% 낮았다. 하지만, 정기적으로 비교적 자주 '돈'을 언급한다

고 느끼는 신도들의 비율을 다른 종교들과 직접 비교할 수는 없기에, 불교를 포함하여 4개 종교 모두를 비교하기 위해서는 정기적으로 자주 언급된다고 느끼는 정도에 초점을 맞추는 것이 아니라, 전혀 언급되지 않는다고 느끼는 정도에 초점을 맞추는 것이 훨씬 합리적일 것이다.

그림1은 불교를 포함한 4개 종교 모두를 비교하여 얻은 그래프다. 불교의 경우에는 '거의 매주' 항목이 선택지에 없었고, 다른 3개 종교의 경우에는 '분기마다 1, 2회' 항목이 선택지에 없었기 때문에, '돈'에 관한 얘기를 정기적으로 듣는다고 느끼는 정도를 직접 비교하기 어렵다. 하지만, '돈'에 대해서 얘기하는 경우가 전혀 없다고 느끼는 비율의 비교는 이러한 상황과 관계없이 가능하다. 이 선택지는 다른 선택지들의 구성과 상관없이 독립적으로 답할 수 있는 것이기 때문이다. 따라서, 그림1의 그래프에서 4개 종교를 합리적으로 비교할 수 있는 부분은 "전혀 없음" 항목이다. 이에 의하면, 불교 신도는 불교 내에서도 "전혀 없음" 항목을 선택한 비율이 가장 높을 뿐만 아니라, 다른 3개 종교와 비교해서도 가장 높은 비율로 "전혀 없음" 항목을 선택한 것으로 나타난다. 불교(26.9%), 원불교(17.2%), 가톨릭(10.1%), 개신교(6.8%) 순서로 각 종교의 신도들은 자신의 종교 집회에서 '돈'에 대한 언급을 듣지 못한다고 느끼는 것이다. 정기적인 종교 집회를 강조하고 다양하게 진행하는 종교의 신도일수록 '돈'에 대한 말을 이러저러한 상황에서 상대적으로 많이 듣게 된다고 추측할 수 있다.

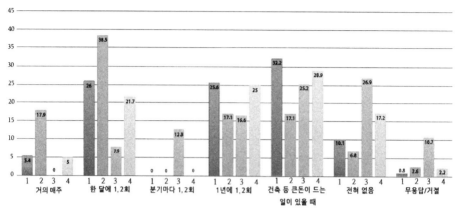

[그림 1] 각 종교 신도들이 느끼는 공식집회에서
'돈'이 언급되는 횟수 (불교 포함)(%)

1 가톨릭 2 개신교 3 불교 4 원불교

2) 종교기관에서 '돈'이 가장 많이 사용되고 있는 분야에 대한 종
교별 신도들의 인식

각 종교기관에 모인 '돈'이 가장 많이 사용되고 있는 분야는 어디
라고 생각하는지를 묻는 설문에 대한 응답에서 모든 종교의 신도들
은 각 종교기관의 운영비를 꼽았다(표3과 표4 참조). 이 설문 문항에
서는 원불교의 설문 선택지가 세분화, 다양화되어 제시된 까닭에 다
른 3개 종교와 구분해서 살펴볼 수밖에 없었으나, 다른 종교들과 달
리 교당의 운영비와 유지비를 구분한 것을 운영비로 통합하여 비교
하면, 운영비에 가장 큰 비용을 들이고 있다고 인식하는 신도의 비율
은 가톨릭(73.3%), 원불교(71.7%), 개신교(64.1%), 불교(45.5%) 순
으로 높았다.

〈표 3〉 각 종교에서 '돈'이 가장 많이 사용되는 분야에 대한 신도들의 인식

(원불교 제외) (%)

	운영비 (인건비 포함)	행사비	건축비	선교/ 포교	교육	사회 봉사	무응답/ 거절	계
가톨릭	73.3	10.5	7.8	2.3	1.2	2.7	2.3	100.0
개신교	64.1	6.0	10.3	12.0	1.7	4.3	1.7	100.0
불교	45.5	11.4	22.1	5.5	2.1	5.5	7.9	100.0

〈표 4〉 원불교에서 '돈'이 가장 많이 사용되는 분야에 대한 신도들의 인식 (%)

	운영비 (인건비 포함)	교당 유지비	행사비	건축비	포교	교육	사회 봉사	육영 장학비	기타	무응답/ 거절	계
원불교	53.9	17.8	3.3	6.7	3.9	2.8	4.4	0.6	1.1	5.6	100.0

어떤 기관이든 운영과 유지 비용이 가장 높을 수밖에 없는 것은 비단 종교들만의 현실은 아니다. 그렇지만, 기관의 운영 및 유지비의 비율 문제는 해당 종교기관이 운영 및 유지를 얼마나 효율적으로 하고 있느냐, 나아가서는 얼마나 생태적인 운영을 하고 있느냐와 관련된 것이기 때문에, 각 종교 신도들의 이러한 인식에 대해 각 종교의 책임 있는 운영자들은 기관운영의 효율과 생태적 친화성의 입장에서 고려할 필요가 있다.

운영 및 유지비가 종교기관이 존속하기 위한 기본적인 비용임을 염두에 둘 때, 더욱 중요한 것은 운영 및 유지 이외에 어떤 곳에 '돈'이 가장 많이 지출되느냐의 문제일 것이다. 가톨릭(10.5%)과 불교(11.4%)의 신도들은 운영비 다음으로 행사비에 가장 큰 비용을 지출하고 있다고 인식한다. 개신교 신도들은 교회가 운영비 다음으로 선교비

(12.0%)에 가장 많은 지출을 한다고 인식한다. 원불교 신도들의 경우에는 건축비(6.7%)를 운영 및 유지비 다음으로 가장 많이 지출되는 분야로 생각한다. 모든 종교에서 사회봉사와 교육은 전반적으로 적은 '돈'이 지출되고 있는 것으로 신자들은 인식한다. 특히 가톨릭 신도들은 사회봉사에 '돈'이 지출된다고 생각하는 비율이 2.7%에 불과해 4개 종교 중에서 가장 낮은 비율을 보였다. 낮은 비율이긴 하지만 자신의 종교기관이 사회봉사에 '돈'을 사용하고 있다고 생각하는 신도들의 비율 순서는 불교(5.5%), 원불교(4.4%), 개신교(4.3%), 가톨릭(2.7%) 순이다.

[그림 2] 종교기관에서 '돈'이 가장 많이 사용되고 있는 분야에 대한 종교별 신도의 인식 (원불교 포함) (%)

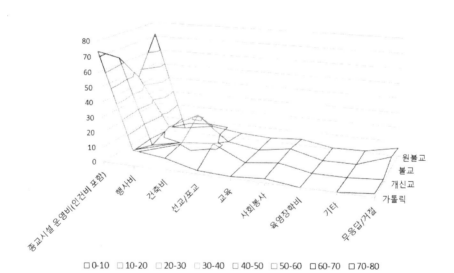

2. 상관계수 분석: 공식집회 참석 빈도와 경제 관련 신앙생활에 관한 인식 간의 관계

상관계수 분석은 공식집회 참석 빈도에 대한 경계 관련 신앙생활과 관계된 4가지 설문 문항 각각에 대하여 종교별로 시행하였다. 그 결과는 표5와 같다. 가톨릭에서는 미사 참석 빈도와 유의미한 상관관계를 맺는 항목이 헌금(교무금)을 잘해야 복을 받는다는 인식 하나였다(r=-0.128, 유의수준 0.05). 즉, 가톨릭의 경우에는 공식집회에 참석하는 빈도가 높은 신도일수록 헌금(교무금)을 많이 해야 복을 받는다는 생각을 하지 않는 경향이 약간 높아진다. 개신교에서는 예배에 참석하는 빈도와 유의미한 상관관계를 맺는 항목이 직업선택에 신앙이 중요한 영향을 끼친다고 하는 인식 하나였다(r=0.313, 유의수준 0.001). 즉, 개신교인은 예배에 열심히 참석하는 신도일수록 직업선택을 하는 데 있어서 신앙과의 관계를 중요하게 생각하는 경향이 강해진다. 원불교에서는 법회에 참석하는 빈도와 유의미한 상관관계를 갖는 항목이 신앙생활이 물질축복도 가져온다는 생각 하나였다(r=0.161, 유의수준 0.05). 즉, 원불교인은 법회에 열심히 참석하는 신도일수록 신앙생활을 통해 물질적인 축복이 주어질 것이라는 생각을 하는 경향이 강해진다. 유일하게 불교만 법회에 참석하는 빈도와 유의미한 상관관계를 맺는 항목이 하나도 없었다.

본 연구의 상관계수 분석에 있어서 한 가지 유의할 점은, 공식집회 참석 빈도를 묻는 설문의 선택지가 불교만 다르게 제시되었다는 점이다. 다른 세 개의 종교들과 달리 불교는 불자들의 정기적인 법회 참여를 강조하지 않기에 법회에 참석하는 횟수의 최대치를 매주 마다 1, 2회로 시작하여, 일주일에 7회 이상을 참석의 최대치로 삼은 다른 종교들과 다른 범위 설정을 하였다. 이로 인해 불교에 대해 시행된 상관계수 분석이 다른 종교들의 상관계수 분석과 직접 비교되기는 어려운 측면이 있다.

〈표 5〉 공식집회 참석 빈도와 경제 관련 신앙생활에 관한 인식 간의 상관관계

(종교별, Pearson 상관계수)

			신앙생활이 물질축복을 가져온다고 생각	직업선택에 신앙이 중요한 영향을 끼친다고 생각	돈의 많고 적음이 신앙 활동에 영향을 준다고 생각	헌금/보시를 잘해야 복을 받는다고 생각
공식 집회 참석 빈도	가톨릭	N=258				-.128*
	개신교	N=117		.313***		
	불교	N=290				
	원불교	N=180	.161*			

* P 〈 .05 ** P 〈 .01 *** P 〈 .001

그렇지만, 불교의 경우에는 법회 참석 빈도가 경제 관련 신앙생활과 별다른 상관관계를 맺지 않는다는 점은 여전히 고려할 수 있는 결과이기도 하다.

3. 변량분석

변량분석은 일원 배치 분산분석을 사용하였다. 경제 관련 신앙생활에 대한 인식을 물은 네 가지 설문 각각을 독립변수로 하고, 가톨릭, 개신교, 불교, 원불교를 종속변수로 하여 이 네 종교 사이에 네

가지 설문 각각에 대한 유의미한 차이가 있는지, 유의미한 차이가 있다면 그 차이의 순서가 어떻게 되는지를 확인하였다.

1) 신앙생활이 물질축복을 가져온다는 인식의 종교 간 차이 분석

신앙생활이 물질축복을 가져온다는 인식의 정도가 종교 간에 차이를 보이는지, 차이를 보인다면 어떤 종교에서 인식의 정도가 크고 어떤 종교에서 인식의 정도가 작은지를 확인하기 위해 종교(가톨릭, 개신교, 불교, 원불교)를 독립변수로, 신앙생활이 물질축복을 가져온다는 인식의 정도를 종속변수로 하여 일원 배치 분산분석을 시행하였다. 그 결과 종교 간 유의미한 차이가 있는 것으로 나타났다(표6 참조). 즉, F=29.893, p<.001로 신앙생활이 물질축복을 가져온다는 인식의 정도에 종교 간 차이가 있는 것으로 나타났다.

〈표 6〉 신앙생활이 물질축복을 가져온다는 인식의 정도를 종속변수로 한 분산분석과 사후검정

분산분석

	제곱합	자유도	평균제곱	F	유의확률
집단 간	81.430	3	27.143	29.893	0.000
집단 내	749.118	825	0.908		
합계	830.548	828			

Duncan 사후검정

종교	N	유의수준 .05에 대한 부집단		
		1	2	3
불교	282	2.926		
개신교	116		3.138	
가톨릭	253		3.142	
원불교	178			3.775
유의확률		1.000	0.965	1.000

이러한 결과에 따라 Duncan 사후검정을 통해 신앙생활이 물질 축복을 가져온다는 인식의 차이가 종교마다 어떻게 다른지를 확인한 결과, 유의수준 0.05에서 원불교(3.775)가 가톨릭(3.142)이나 개신교(3.138)보다 유의미하게 높은 것으로 나타났다. 또한, 기독교와 가톨릭은 유의미한 차이가 없지만, 불교(2.926)와 비교해서는 유의미한 차이가 있는 것으로 나타났다. 이러한 결과를 종합하면, 원불교〉가톨릭, 개신교〉불교 순으로 신앙생활이 물질축복을 가져온다는 인식의 정도가 높다고 할 수 있다.

신앙생활을 성실히 할수록 물질축복이 따르게 된다는 인식에 있어서 원불교 신도들의 긍정률이 다른 세 종교의 신도들과 비교해서 상당히 높다는 점은 주목할 만하다. 원불교의 평균은 3.775로 5점 척도의 중간값을 꽤 넘는다. 좀 더 상세하게 기본통계를 살펴보면, 원불교 신도 중에서 신앙생활이 물질축복과 관련된다고 생각하는 신도의 비율(65.0%)이 그렇지 않다고 생각하는 신도의 비율(7.8%) 보다 압도적으로 높은 것이 사실이다. 그런데도 평균값이 4점을 넘지 않은 이유는 긍정 응답자 중 '매우 그렇다'(5점, 19.4%)보다 '그렇다'(4점, 45.6%)를 응답한 신도의 비율이 두 배 이상 많고, '보통이다'(3점, 26.1%)를 선택한 신도의 비율도 상대적으로 높았기 때문이다. 어쨌든 원불교는 다른 종교들과 확연하게 신앙생활의 성실성이 물질축복을 가져온다고 생각하는 신도들의 비율이 압도적으로 높다.

반면, 원불교 다음으로 신앙생활과 물질축복과의 연관성을 긍정하는 신도의 비율이 높은 가톨릭조차도 그 비율이 38.8%로 절반에 크게 못 미친다. 오히려 평균값에 있어서 가톨릭과 큰 차이를 보이지 않더라도 약간 낮은 개신교의 긍정 비율이 43.6%로 더 높다. 가톨릭은 긍정도 부정도 하지 않은 신도의 비율(32.9%)이 부정하는 신도의 비율(26.4%)보다 높지만, 개신교는 부정하는 신도의 비율(28.2%)이 긍정도 부정도 하지 않는 신도의 비율(27.4%)보다 높은데, 이러한 차이가 가톨릭(3.142)과 개신교(3.138)의 평균값에 영향을 준 것이라고 할 수 있다. 어쨌든 개신교든 가톨릭이든 긍정률이 절반에 못 미친다는 점에서 원불교와 선명한 차이를 보인다. 불교는 긍정률이 28.3%, 부정률이 37.6%로 오히려 부정률이 더 높아 다른 세 종교와 확연한 차이를 보인다.[2]

2) 직업선택에 있어서 신앙의 영향을 받았다는 신도 비율의 종교 간 차이 분석

직업선택을 함에 있어 신앙의 영향이 있었다고 응답한 신도의 비율이 네 종교 간에 유의미한 차이를 보이는지를 확인하기 위해 네 종교(가톨릭, 개신교, 불교, 원불교)를 독립변수로, 직업선택에 신앙이 영향을 끼쳤다고 보는 정도를 종속변수로 하여 분산분석을 시행하였다. 그 결과 $F=5.100$, $p<.01$로 종교 간 유의미한 차이가 있는 것으

---

2 여기에는 불교의 설문이 "돈이 많은 것이 부처님의 가피라고 생각하십니까?"라는 질문으로 되어 있어서 "신앙생활을 성실히 하면 물질적 축복도 따른다고 생각하십니까?"라고 질문한 다른 세 종교의 설문과 다른 점도 고려될 필요가 있다. 하지만, 불교에서 부처님의 가피가 아무에게나 주어지는 것이 아니라 이 또한 불자의 기도나 원력과 관계된다는 점에서 신앙의 성실성과 관계된다고 넓게 해석할 수 있다.

로 나타났다(표7 참조).

<표 7> 직업선택에 대한 신앙의 영향력을 종속변수로 한 분산분석과 사후검정

분산분석

	제곱합	자유도	평균제곱	F	유의확률
집단 간	20.150	3	6.717	5.100	0.002
집단 내	1,078.734	819	1.317		
합계	1,098.885	822			

Duncan 사후검정

종교	N	유의수준 .05에 대한 부집단		
		1	2	3
불교	281	3.029		
가톨릭	250	3.196	3.196	
원불교	178		3.326	3.326
개신교	114			3.483
유의확률		0.164	0.280	0.193

이에 따라, 종교 간 정도의 비교를 위해 Duncan 사후검정을 시행하였다. 그 결과, 유의수준 0.05에서 불교 신도(3.029)는 가톨릭 신도(3.196)와 유의미한 차이가 없지만, 원불교 신도(3.326)와 기독교 신도(3.483)와는 통계적으로 유의미한 차이가 있는 것으로 나타났다. 가톨릭 신도의 경우에는 원불교나 불교 신도와는 유의미한 차이를 보이지 않았으나, 개신교 신도보다는 유의미하게 낮게 나타났다. 정리하자면, 불교 신도는 원불교 신도나 개신교 신도보다 직업선택에 있어서 신앙을 고려하는 정도가 낮은 편이라고 할 수 있다. 또한, 가톨릭 신도는 개신교 신도보다 직업선택에 있어서 신앙을 고려하는 정도가 낮은 편이라고 할 수 있다.

이상의 결과에서 가장 확실한 것은 불교와 개신교 사이의 차이다. 즉, 불교 신도는 개신교 신도와 비교해서 확실하게 직업선택에 있어서 신앙을 고려하는 신도의 비율이 통계적으로 의미 있게 더 낮다. 하지만, 개신교의 5점 척도 평균(3.483)을 볼 때, 이 사실이 개신교 신도의 절대다수가 직업선택에서 신앙의 영향을 고려한다는 의미는 아니다. 직업선택에 있어 신앙의 영향력을 긍정하는 개신교 신도의 비율은 55.6%로 과반을 살짝 넘는다. 나머지 세 종교 중에는 긍정률이 과반인 경우를 찾을 수 없다. 따라서, 네 종교 간 상대적 차이에 대해서는 말할 수 있을지 몰라도, 네 종교 전체에 있어서 직업선택에 신앙의 영향이 절대적으로 큰 편은 아니라고 할 수 있다.

3) '돈'의 많고 적음이 신앙 활동에 영향을 끼친다는 인식의 종교 간 차이 분석

'돈'의 많고 적음이 신앙 활동에 영향을 끼친다는 인식의 정도가 네 종교 간 유의미한 차이를 보이는지를 확인하기 위해 네 종교(가톨릭, 개신교, 불교, 원불교)를 독립변수로, '돈'의 많고 적음이 신앙 활동에 영향을 끼친다고 보는 인식의 정도를 종속변수로 하여 분산분석을 시행하였다. 그 결과 F=12.904, p<.001로 종교 간 유의미한 차이가 있는 것으로 나타났다(표8 참조).

〈표 8〉 신앙 활동에 대한 돈의 영향력을 종속변수로 한 분산분석과 사후검정

분산분석

	제곱합	자유도	평균제곱	F	유의확률
집단 간	44.323	3	14.774	12.904	0.000
집단 내	947.993	828	1.145		
합계	992.316	831			

종교	N	유의수준 .05에 대한 부집단		
		1	2	3
원불교	179	2.408		
가톨릭	253		2.861	
불교	284		2.923	2.923
개신교	116			3.121
유의확률		1.000	0.585	0.076

이에 따라, 종교 간 정도의 비교를 위해 Duncan 사후검정을 시행하였다. 그 결과, 유의수준 0.05에서 개신교 신도(3.121)는 불교 신도(2.923)와 통계적으로 유의미한 차이를 보이지 않지만, 가톨릭 신도(2.861)와 원불교 신도(2.408)와는 유의미한 차이를 보이는 것으로 나타났다. 불교 신도는 개신교 신도나 가톨릭 신도와는 유의미한 차이를 보이지 않으나, 원불교 신도와는 유의미한 차이가 났다. 가톨릭 신도는 불교 신도와는 유의미한 차이를 보이지 않으나, 개신교 신도와 원불교 신도와는 유의미한 차이를 보였다. 따라서, '돈'의 많고 적음이 신앙생활에 영향을 준다고 생각하는 신도의 비율이 높은 순으로 나열하자면, 개신교, (불교)〉(불교), 가톨릭〉원불교로 정리할 수 있다.

단, 유의수준 0.1인 경우에는, 개신교 신도와 불교 신도 사이에도 통계적으로 유의미한 차이가 있다고 판단할 수 있다(유의확률 0.076). 이 경우에는 '돈'의 많고 적음이 신앙생활에 영향을 준다고 생각하는 신도의 비율이 높은 순서를 개신교〉불교, 가톨릭〉원불교 순으로 정리할 수 있다.

4) 헌금(교무금, 보시)을 많이 할수록 축복을 받는다는 인식의 종교 간 차이 분석

헌금(교무금, 보시)을 많이 할수록 축복을 받는다는 인식의 정도가 네 종교 간 유의미한 차이를 보이는지를 확인하기 위해 네 종교(가톨릭, 개신교, 불교, 원불교)를 독립변수로, 헌금(교무금, 보시)을 많이 할수록 축복을 받는다고 보는 인식의 정도를 종속변수로 하여 분산분석을 시행하였다. 그 결과 F=14.202, p<.001로 종교 간 유의미한 차이가 있는 것으로 나타났다(표9 참조).

〈표 9〉 헌금(교무금, 보시)과 축복의 연관성을 종속변수로 한 분산분석과 사후검정

분산분석

	제곱합	자유도	평균제곱	F	유의확률
집단 간	46.053	3	15.351	14.202	0.000
집단 내	889.590	823	1.081		
합계	935.642	826			

Duncan 사후검정

종교	N	유의수준 .05에 대한 부집단	
		1	2
가톨릭	255	2.494	
개신교	116	2.647	
불교	280		2.950
원불교	176		3.074
유의확률		0.161	0.254

이에 따라, 종교 간 정도의 비교를 위해 Duncan 사후검정을 시행하였다. 그 결과, 유의수준 0.05에서 원불교 신도(3.074)와 불교 신도(2.950) 사이의 인식에는 통계적으로 유의미한 차이가 없으며,

개신교 신도(2.647)와 가톨릭 신도(2.494) 사이의 인식에도 통계적으로 유의미한 차이가 없는 것으로 나타났다. 하지만, 원불교 신도와 불교 신도의 인식은 개신교 신도와 가톨릭 신도의 인식과 비교할 때 통계적으로 유의미하게 높은 긍정률을 보인다고 할 수 있다.

하지만, 이러한 결과가 원불교 신도나 불교 신도의 다수가 헌금이나 보시를 많이 하면 복을 받을 수 있다고 생각한다는 의미는 아니다. 긍정률을 살펴보면, 긍정률이 가장 높은 원불교의 경우 38.9%, 불교는 31.7%, 개신교는 23.9%, 가톨릭은 18.6%다. 원불교 신도나 불교 신도의 긍정률이 개신교 신도나 가톨릭 신도의 긍정률과 비교해서 유의미하게 높은 것은 사실이나, 대체로 네 종교 모두 헌금 또는 교무금, 보시 등을 많이 할수록 복을 받을 수 있다고 생각하는 신도의 수가 많다고 볼 수는 없다.

IV. 논의: 결론을 대신하며

기본통계에 따르면 자신의 종교행사에서 돈이 언급된다고 느끼는 느낌의 강도가 가장 큰 종교는 개신교, 두 번째로는 가톨릭, 세 번째로는 원불교, 마지막 네 번째로는 불교인 것으로 나타났다. 또한, 자신의 종교가 돈을 가장 많이 사용하는 곳이 어디라고 생각하는지를 묻는 설문에 대해 가톨릭, 개신교, 불교, 원불교 모두 인건비를 포함한 운영 및 유지비라고 응답한 신도의 비율이 압도적으로 높았다. 운영 및 유지비를 제외하면 개신교는 선교에 가장 많은 지출을 한다고 생각하는 신도의 비율이 가장 높고, 가톨릭과 불교는 행사에, 원불교는 건축에 들이는 지출이 가장 많다고 생각하는 신도의 비율이 가장 높았다. 정도의 차이가 약간씩 있기는 하나, 네 종교 신도들 모두 대체로 사회봉사나 교육에 자신의 종교가 들이는 '돈'은 미미하다고 생각하는 것으로 나타났다.

상관계수 분석에 따르면, 본당 미사나 행사에 열심히 참여하는 가톨릭 신도일수록 헌금(교무금)과 물질축복과는 상관이 없다고 생각하는 경향이 증가하는 것으로 나타났다. 개신교 신도의 경우에는 교회 예배와 행사에 많이 참석할수록 직업을 선택함에 있어 신앙을 고려하는 경향이 강해지는 것으로 나타났다. 불교의 경우, 신도가 법회나 사찰 행사에 참여하는 횟수가 신앙생활과 물질축복의 관계에 대한 인식, 직업선택에 대한 신앙의 영향력 유무, 신앙 활동을 하는 데 '돈'이 영향을 준다는 인식, 헌금(보시)이 축복을 가져온다는 인식 등과 아무런 상관관계를 갖지 않는 것으로 나타났다. 원불교에서는 법회를 비롯한 종교행사에 열심히 참여하는 신도일수록 성실한 신앙생활이 물질축복을 가져온다고 생각하는 경향이 강해지는 것으로 나타났다.

분산분석에 따르면, 신앙생활과 물질축복의 관계에 대한 인식, 직업선택에 대한 신앙의 영향력 유무, 신앙 활동을 하는 데 '돈'이 영향을 준다는 인식, 헌금(교무금, 보시)이 축복을 가져온다는 인식의 네 가지 문항 모두에서 종교 간에 통계적으로 유의미한 차이가 있는 것으로 나타났다. 이 결과를 증폭해서 확인하기 위해 각 종교의 평균값에 각 분산분석의 사후검정에서 그 종교가 속한 부집단의 값을 곱한 결과를 그래프로 나타냈다(그림3 참조). 이렇게 하면 종교 간 차이의 **최대치**와 최저치를 더 명확하게 볼 수 있다.

가톨릭의 경우 헌금(교무금)을 많이 할수록 축복을 받는다는 생각을 하는 신도가 가장 적은 것으로 나타났다. 더욱이, 상관계수 분석이 말해주듯, 이러한 경향은 본당 미사를 비롯한 행사에 열심히 참여하는 신도일수록 강화된다는 점에서, 가톨릭 신자들은 전반적으로 헌금과 축복과의 연관성을 긍정적으로 보지 않을 뿐만 아니라, 신앙생활을 열심히 할수록 그러한 경향이 커진다는 사실을 확인할 수 있었다. 가톨릭 신도는 물질적 풍요에 대한 기대감이 작은 가운데 다른 세 지표에서는 중간 정도의 적절한 경향을 보임으로써 주로 중산층의 신앙을 보인다고 할 수 있다.

개신교 신도들은 직업선택에 대한 신앙의 영향력을 긍정하는 경향이 가장 강한데, 이는 상관계수 분석에서 보여주는 것처럼 신앙 활동을 열심히 할수록 더욱 강해진다. 개신교 신도들은 전반적으로 소명의식에 기초한 신앙을 가진 경우가 가장 많다고 할 수 있다. 하지만, 자신의 경제적인 사정이 신앙생활을 하는 데 부담이 된다고 생각하는 비율 또한 가장 높다는 점, 반면 교회에 내는 헌금이 자신의 축복과 관계된다고 생각하는 경향은 약하다는 점은 개신교 신도들이 신앙생활을 함에 있어 가장 큰 경제적 부담을 느끼고 있다고 추측할 수 있게 한다.

불교 신도들은 직업선택에 대한 신앙의 영향력을 긍정하는 경향과 **신앙생활**을 열심히 하면 물질축복이 따른다는 인식이 가장 약하다. 반면, 신앙 활동에 참여하기 위해서는 '돈'이 필요하다는 인식은

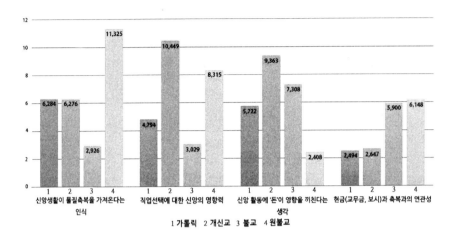

[그림 3] Duncan 사후검정의 부집단값에 평균값을 곱한 결과 그래프

개신교 신도 다음으로 강하고 헌금과 보시를 많이 할수록 축복을 받는다는 인식 또한 원불교 신도 다음으로 강하다. 불교 신도는 신앙 활동 자체에 참여하기보다는 '돈'과 같은 물질적 기여를 통해서 신앙에 참여하는 경향이 더 강하며, 이를 통해 선업을 쌓아 이생에서든 후생에서든 더 나은 삶을 살고자 한다고 볼 수 있다.

원불교 신도들은 신앙생활을 열심히 하면 물질축복이 따른다고 생각하는 경향이 압도적으로 강하고, 직업선택에 끼치는 신앙의 영향력도 개신교 다음으로 강하며, 헌금이 축복과 연관된다고 생각하는 경향도 강하다. 반면, 신앙 활동에 '돈'이 영향을 준다고 생각하는 경향은 가장 낮아서 신앙생활을 하면서 경제적 부담을 느끼는 정도는 가장 적다. 원불교의 물질개벽 신앙은 원불교 신도들의 삶에 자연스럽게 녹아들어 있다고 판단할 수 있다.

네 종교에 속해서 신앙생활을 하는 사람들에게 각 종교는 어떤 방식으로든 개인적인 삶에 영향을 끼치고 있다는 점을 확인할 수 있다. 하지만, 이러한 영향이 사회적 삶과 미래적 전망에까지 영향을 끼치는 구조는 미약하다고 할 수 있는데, 사회봉사와 교육에 대한 투자가 자신의 종교에서 현저하게 미미하다는 인식이 모든 종교의 신도들에게 공통된 인식이기 때문이다. 종교의 사회적 참여, 미래 세대에 대한 책임 있는 대책 마련이 그 어느 때보다 절실하게 요청되는 이유다.

참고문헌

류제동 ∣ 제4차 산업혁명과 불교의 기업가정신 — 이나모리 가즈오의 『카르마경영』을 중심으로

괴츠만, 윌리엄 N./위대선 옮김. 2019. 『금융의 역사: 문명을 꽃피운 5천년의 기술』. 서울: 지식의 날개.

달리오, 레이/송이루·이종호·임경은 옮김. 2020. 『레이 달리오의 금융 위기 템플릿』. 서울: 한빛비즈.

레이코프, 조지/유나영 옮김. 2018. 『코끼리는 생각하지 마: 진보와 보수, 문제는 프레임이다』. 서울: 와이즈베리.

슈밥, 클라우스/송경진 옮김. 2016. 『제4차 산업혁명』. 서울: 메가스터디.

이나모리 가즈오/김형철 옮김. 2019. 『카르마경영』. 서울: 서돌.

하리다 마사히코/양억관 옮김. 2009. 『이시다 바이간에게 배운다』. 서울: 멜론.

神田嘉延. 2011. "稲盛和夫の経営哲学と仏教観(その１)." 「鹿児島大学稲盛アカデミー 研究紀要」第３号.

Seaford, Richard. 2020. *The Origins of Philosophy in Ancient Greece and Ancient India: A Historical Comparison*. Cambridge: Cambridge University Press.

김명희 ∣ 칼 야스퍼스의 '차축시대'를 통해 본 원불교의 '정신개벽'

1차 자료

『대종경』 『대종경선외록』 『원불교전서』 『정전』

2차 자료

구본권. 2017. "사물인터넷이 가져올 사회와 인간의 변화." 「세계시민」 여름 9월호.

김도공. 2010. "원불교의 정신개벽론과 사대강령 – 원불교 창립정신의 재모색을 중심으로-." 『원불교 사상연구원 학술대회 자료집』. 익산: 원광대학교 원불교

사상연구원, 93-105.

김명희. 2018. "원불교의 돈의 논리 지형도 탐사." 최현종 외/성공회대학교 신학연구원 엮음.『종교인은 돈을 어떻게 생각하는가』. 서울: 동연, 177-204.

＿＿＿. 2016. "원불교의 '물질개벽'을 통해 본 '돈'의 논리."「원불교사상과 종교문화」69: 115-144.

＿＿＿. 2011. "체(體)·상(相)·용(用)의 원리로 살펴 본 참여영성과 평화의 해석학적 고찰 – 간디의 아힘사를 중심으로."「원불교사상과 종교문화」50: 169-209.

김상민. 2017. "[서평] 인간은 필요 없다... 인공지능 시대의 부와 노동의 미래."「미래한국」2017.1.24.

http://www.futurekorea.co.kr/news/articleView.html?idxno=36821.

박가열. 2016.『기술 변화에 따른 일자리 영향 연구』. 서울: 한국정보고용원.

박광수. 2010. "원불교의 후천개벽(後天開闢) 세계관."「원불교사상과 종교문화」44: 73-113.

박진영. 1998. "불교와 원불교의 관계."「원불교학」3: 259-278.

신승환. 2017. "4차산업혁명 시대의 포스트 휴머니즘."「세계시민」여름 9월호.

심대섭. 1998. "圓佛教 四要의 基本性格과 現代的 照明."「원불교학」3: 153-185.

용환승. 2017. "3·4차 산업혁명과 빅휴먼 시대."「세계시민」여름 9월호.

원광대학교 종교문제연구소. 1981.『圓佛教事典』. 이리: 원광대학교출판국.

원불교 법무실 편찬. 2006.『大山宗法師 法門集 第II輯』. 익산: 원불교 출판사.

윤승태. 2018. "4차 산업혁명시대의 교회의 역할과 방향."「신학과 실천」58: 601-625.

이진수. 2013. "자본주의의 새로운 패러다임과 원불교 경제관."「원불교사상과 종교문화」56: 73-109.

정원희. 2017. "'제4차 산업혁명 시대', 한국교회 미래는?"「기독교타임즈」2017. 08. 22.

http://www.kmctimes.com/news/articleView.html?idxno=47240.

조정제. 1980. "원불교의 경제관에 대한 소고." 「원불교사상과 종교문화」 4: 204-217.

최건풍(정풍). 1989. "圓佛教 宗教聯合運動의 思想的 背景." 「圓佛教學研究」 19: 153-180.

허석. 2018. 『동아시아 근대불교사에서 본 원불교의 불교혁신 이념 고찰』. 원광대학교 대학원 박사학위논문.

Jaspers, Karl. 1967. *Einführung in die Philosophie; Kleine Schule des philosophischen Denkens über das Tragische; Die groben Philosophen.* 전양범 옮김. 2009. 『철학학교/비극론/철학입문/위대한 철학자들』. 서울: 동서문화사.

_____. 1955. *Vom Ursprung und Ziel der Geschichte.* 백승균 옮김. 1986. 『역사의 기원과 목표』. 서울: 이화여자대학교 출판부.

Rwals, John. 1999. *A Theory of Justice.* 황경식 옮김. 2012. 『정의론』. 서울: 이학사.

Schwab, Klaus. 2016. *The fourth industrial revolution.* 송영진 옮김. 2016. 『클라우스 슈밥의 제4차 산업혁명』. 서울: 새로운현재.

Simmel, Georg. 2010. *Philosophie des Geldes.* 김덕영 옮김. 2014. 『돈이란 무엇인가』. 서울: 도서출판 길.

권진관 ┃ 돈과 재물에 대한 경전적 해석 ― 신약성서와 화엄경을 중심으로

도법. 1999. 『화엄의 길, 생명의 길』. 서울: 선우도량.

엘룰, 자크. 2008. 『하나님이냐 돈이냐』. 서울: 대장간.

잉햄, 제프리. 2011[2004]. 『돈의 본성』. 서울: 삼천리.

정엄. 2018. 『행복한 화엄경』 개정판. 서울: 리즈앤북.

최호 석해. 1990. 『신역 화엄경』. 서울: 홍신.

콕스, 하비. 2018. 『신이 된 시장』. 서울: 문예출판사.

Habito, Ruben L. F. 2005. *Experiencing Buddhism.* Maryknoll, N.Y.: Orbis Books.

김혜경 ㅣ 돈의 우상화와 천주교의 21세기 생명경제

김대호. 2017. 『공유경제』. 서울: 커뮤니케이션북스.

김찬호. 2014. 『돈의 인문학: 머니 게임의 시대, 부(富)의 근원을 되묻는다』. 서울: 문학과 지성사.

김혜경. 2018. "제4차 산업혁명 시대, 선교의 미래-휴머니즘, 포스트 휴머니즘, 네 오휴머니즘에 대한 단상." 〈새천년복음화연구소 주최 심포지엄 자료집〉.

_____. 2016. "천주교 신자들의 중산층화와 엘리트화에서 나타나는 돈의 논리." 「신학연구」 제68집, 한신대학교 학술원 신학연구소, 315-337.

노길명. 1988. 『한국사회와 종교운동』. 서울: 빅벨출판사.

송영웅. 2012. "포콜라레 운동에서 이야기하는 공유의 경제"(1-3). 「사목정보」 5(7-9). 인천: 미래사목연구소.

슈밥, 클라우스/송경진 역. 2016. 『클라우스 슈밥의 제4차 산업혁명』. 서울: 새로운 현재(메가북스).

아이작, 로버크 A./강정민 역. 2006. 『세계화의 두 얼굴』. 서울: 이른아침.

이마무라 히토시/이성혁·이혜진 역. 2007. 『화폐 인문학, 괴테에서 데리다까지』. 서울: 자음과모음.

이민화. 2018. 『공유 플랫폼 경제로 가는 길』. KCERN.

잉햄, 제프리/홍기빈 역. 2011. 『돈의 본성』. 서울: 삼천리.

지성용. 2017. 『복음의 기쁨 지금 여기』. 서울: 지식과 감성.

프란치스코 교황. 2014. 「복음의 기쁨」, 서울: 한국천주교주교회의.

_____/제병영 역. 2014. 『세상의 매듭을 푸는 교황 프란치스코』. 서울: 하양인.

Simmel G. 1978[1907]. *The Philosophy of Money*. London: Routledge.

Goowin, Tom. 2015. "In the age of disintermediation the battle is all for the consumer interface." TechCrunch, March.

http://ko.wikipedia.org/wiki경제민주주의.

http://ngonewsi.com/ezview/article_main.html?no=4644.

http://www.osservatoreromano.va/it/news/lontani-dai-soldi-vicini-agl
i-emarginati.

http://ko.wikipedia.org/wiki/포콜라레_운동.

http://www.focolare.or.kr/primaex.htm.

이숙진 | 소비자본주의 시대의 기독교와 경제정의

김동호. 2003.『어린이 돈 반듯하고 정직하게 쓰기』. 서울: 주니어규장.

박은경. 2019. "우산혁명 주역 조슈아 웡 '촛불집회 영향 커…홍콩 민주화 지켜봐
달라'."「경향신문」6월 19일자.

베버, 막스. [1920] 2010.『프로테스탄티즘의 윤리와 자본주의 정신』. 서울: 길.

빈민지역운동사 발간위원회 엮음. 2017.『마을공동체 운동의 원형을 찾아서』. 서울:
한울.

서중석. 2001. "예수의 카리스마적 리더십과 마가공동체."「신학논단」 29: 97-116.

세넷, 리처드. 2002.『신자유주의와 인간성의 파괴』. 서울: 문예출판사.

신치재. 2014. "토마스 아퀴나스의 자연법과 정의 사상."「중앙법학」 16(3): 413-
448.

안병무. 1987.『민중신학이야기』. 서울: 한국신학연구소.

이숙진. 2016. "깨끗한 부와 거룩한 부: 후기자본주의시대 한국교회의 '돈' 담론."「
종교연구」 76(2): 81-115.

_____. 2017. "한국교회는 왜 페미니즘이 필요한가."『여세』. 서울: 한국YWCA연
합회 5.

_____. 2018. "세계금융위기 이후 한국 개신교와 돈의 친연성: 수용자 연구를 중심
으로."「종교문화비평」 33: 248-291.

이오갑. 2014. "칼뱅에 따른 돈과 재화."「한국조직신학논총」 40: 7-45.

_____. 2017. "종교개혁자들의 경제관."「사회이론」 52: 55-82.

이원돈. 2013. "탈성장주의의 시대, 교회를 말하다." 심포지엄 미간행자료. 4월 13
일자

이인성. 2009. 『21세기 세계화 체제의 이해』. 서울: 아카넷.

이택환. 2014. "하늘은행에 입금하면 이자율이 3000%?." 「뉴스엔조이」 2월 5일자.

전명수. 2018. "종교기반 시민사회단체의 사회적기업, 그 특성과 과제 -YMCA와 YWCA를 중심으로." 「신학과 사회」 29(3): 81-115.

한국YWCA연합회. 2018. "2017년 한국YWCA 연간보고서." 서울: 한국YWCA 전 국연합회.

Gonzalez, Justo L. 1984. *The Story of Christianity*. Volume 1, *The Early Church to the Dawn of the Reformation*. San Francisco: Harper & Row.

Horsley, Richard A. 2003. *Jesus and Empire: The Kingdom of God and the New World Disorder*. Minneapolis, MN: Fortress Press.

최현종 ᅵ 돈과 종교: 돈에 대한 종교인의 태도 및 담론 고찰

권진관. 2016. "금강경에서의 돈의 위치." 권진관 외. 『종교인은 돈을 어떻게 가르치 는가』. 서울: 동연.

_____. 2018. "신앙과 돈 – 신앙의 금전화에 대한 성찰." 최현종 외. 『종교인은 돈을 어떻게 생각하는가』. 서울: 동연.

_____ 외. 2016. 『종교인은 돈을 어떻게 가르치는가』. 서울: 동연.

김동규. 2016. "무속 의례의 소비와 종교적 특성." 권진관 외. 『종교인은 돈을 어떻게 가르치는가』. 서울: 동연.

김명희. 2016. "원불교의 '물질개벽'을 통해 본 '돈'의 논리." 「원불교사상과 종교문화」 69.

_____. 2018. "원불교의 돈의 논리 지형도 탐사." 최현종 외. 『종교인은 돈을 어떻게 생각하는가』. 서울: 동연.

김태완. 2016. "유교와 돈." 권진관 외. 『종교인은 돈을 어떻게 가르치는가』. 서울: 동연.

김혜경. 2016. "천주교 신자들의 중산층화와 엘리트화에서 나타나는 돈의 논리." 「신학연구」 68.

_____. 2018. "천주교 신자에게 나타나는 부의 정도와 사회교리 간 상관관계." 최현종 외.『종교인은 돈을 어떻게 생각하는가』. 서울: 동연.

네그리, 안토니오·마이클 하트/윤수종 옮김. 2001.『제국』. 서울: 이학사.

_____/조정환·정남현·서창현 옮김. 2008.『다중』. 서울: 세종서적.

_____/정남영·윤영광 옮김. 2014.『공통체: 자본과 국가 너머의 세상』. 고양: 사월 의책.

류제동. 2016. "지구촌 맥락에서 한국불교 돈 담론의 지형도에 대한 시론적 고찰." 권진관 외.『종교인은 돈을 어떻게 가르치는가』. 서울: 동연.

_____. 2018. "우리나라에서 돈과 불교의 상호관계에 대한 설문조사 연구." 최현종 외.『종교인은 돈을 어떻게 생각하는가』. 서울: 동연.

바타유, 조르주/조한경 옮김. 2015.『종교이론: 인간과 종교, 제사, 축제, 전쟁에 대한 성찰』. 서울: 문예출판사.

신익상. 2016. "한국 개신교에서 가난은 어떻게 은폐되는가." 권진관 외.『종교인은 돈을 어떻게 가르치는가』. 서울: 동연.

_____. 2018. "한국 개신교는 무엇에 저항하는가 – 개신교 내 '돈'과 가난에 대한 태도의 관련성 연구." 최현종 외.『종교인은 돈을 어떻게 생각하는가』. 서울: 동연.

이숙진. 2016. "깨끗한 부와 거룩한 부."『종교연구』76.

_____. 2018. "세계금융위기 이후 한국 개신교와 돈의 친연성."『종교문화비평』 33.

최현종. 2011.『한국 종교인구변동에 관한 연구』. 부천: 서울신학대학교 출판부.

_____. 2015. "사회진보와 종교의 역할." 송재룡 외.『종교와 사회진보』. 서울: 다산 출판사.

_____. 2016. "짐멜의『돈의 철학』에 나타난 '돈'과 '종교'."『담론 201』19.

_____. 2017. "한국교회 재정구조 분석: 한국 교회는 시장 체계를 뛰어넘을 수 있을까?."『신학과 사회』31.

_____. 2017.『오늘의 사회 오늘의 종교』. 서울: 다산출판사.

_____ 외. 2018.『종교인은 돈을 어떻게 생각하는가』. 서울: 동연.

파농, 프란츠/남경태 옮김. 2010.『대지의 저주받은 사람들』. 2판. 서울: 그린비.

하승우. 2013. "자립의 행복과 한국의 협동공동체." 이동수 편.『행복과 21세기 공동
체』. 서울: 아카넷.

Etzioni, Amitai. 1961. *A Comparative Analysis of Complex Organization*. New
York: Free Press of Glencoe Inc.

신익상 ǀ '돈'과 종교의 관계 지형도 — 가톨릭, 개신교, 불교, 원불교를 중심으로
권진관 외.『종교인은 돈을 어떻게 생각하는가』. 서울: 동연, 2018.

지은이 알림

권진관

전 성공회대학교 조직신학 교수

　대표 저서:

『성령과 민중』(1993), 『우리 구원을 이야기하자』(1998), 『성령, 민중의 생명』(2000), 『예수, 민중의 상징; 민중, 예수의 상징』(2009) 등.

김명희

서강대학교 신학연구소 연구교수, 성공회대학교 연구교수 역임. 현재 서강대학교 종교신학연구소 책임연구원.

　대표 저서:

『한류로 신학하기』(공저, 2013), 『세월호 이후의 신학』(공저, 2015), 『종교와 정의』(공저, 2015), 『종교는 돈을 어떻게 가르치는가』(공저, 2016), 『소수자의 신학』(공저, 2017), 『종교는 돈을 어떻게 생각하는가』(공저, 2018), 『영원한 보석. 그리스도교의 세계로 읽는 법화경』(역서, 2010) 등.

김혜경

대구가톨릭대학교 강의전담교수 역임.

　대표 저서:

『예수회의 적응주의 선교: 역사와 의미』(2012), 『한류로 신학하기』(공저, 2013), 『소수자의 신학』(공저, 2017), 『21세기 동아시아 가톨릭 공동체 영성』(공저, 2017), 『이 시대에 다시 만난 여성 신비가들』(공저, 2018), 『평화의 신학』(공저, 2019), 『세계평화개념사: 인류의 평화, 그 거대담론의 역사』(2020) 등.

류제동

성균관대학교 유학동양학과 강사

　대표 저서:

『하느님과 일심: 윌프레드 캔트웰 스미스의 종교학과 대승기신론의 만남』

(2007), 『텅 빈 충만: 공의 하느님』(John Cobb 외 저, 황경훈·류제동 역, 2009), 『보리수 가지치기: 비판불교를 둘러싼 폭풍』(역서, 2015).

신익상

성공회대학교 열림교양대학 교수, 사)교회환경연구소 소장
　대표 저서:
『바울 해석과 한국 사회 주변부』(2019), 『이제 누가 용기를 낼 것인가?』 (2015), 『변선환 신학 연구』(2012), 『과학으로 신학하기』(역서, 2015), 『기후위 기, 한국교회에 묻는다』(공저, 2019), 『민중신학, 고통의 시대를 읽다』(공저, 2018), 『포스트휴먼 시대, 생명·신학·교회를 돌아보다』(공저, 2017), *Mission in the Context of Margins*(공저, 2015), 『세월호 이후 신학: 우는 자들과 함께 울라』(공저, 2015) 외 다수

이숙진

이화여자대학교 시간강사
　대표 저서:
『동아시아와 문명: 지역공동체 지평의 인문실크로드』(2020, 공저), 『기독교와 세계』(2020, 공저), 『십계에 대한 인문학적 고찰』(2018, 공저), 『당신들의 신국: 한국사회의 보수주의와 그리스도교』(2017, 공저), 『한국여성종교인의 현실과 젠더문제』(2014, 공저) 등.

최현종

서울신학대학교 교양교육원 교수
　대표 저서:
『한국 종교인구변동에 관한 연구』(2011), 『오늘의 사회, 오늘의 종교』(2017), 『현대사회, 종교, 그리고 돈』(2019) 등.